MERCATO

Hans Weber   Alberigo A. Tuccillo

MERCATO

Italiens Märkte
Momente und Impressionen

AT Verlag Aarau · Stuttgart

© 1988
AT Verlag Aarau
Umschlag: Dora Hirter
Fotos: Hans Weber
Text: Alberigo A. Tuccillo
Gesamtherstellung: Grafische Betriebe
Aargauer Tagblatt AG, Aarau
Printed in Switzerland

ISBN 3-85502-335-2

Inhalt

Schaufenster
der Volksseele

Hunderte und Hunderte von Büchern, von Bildbänden und Führern sind bereits über die unterschiedlichsten Aspekte der italienischen Kultur, über ihre Geschichte, über die Kunst von der Antike bis zur Gegenwart, über Landschaften von den Alpen bis zu den mediterranen Inselchen, über Lebensweisen und über die Küche der verschiedenen Regionen verfasst worden. Ein schier unüberschaubares Angebot an guten, zum Teil hervorragenden Werken ist den Lese- und Reisefreudigen schon in die Hand gegeben; auf dass sie sich vermittels dieser Hilfe vielleicht etwas leichter ein eigenes, neues, von alten Klischees gesäubertes Bild vom südlichen Nachbarn machen. Und dennoch lassen sich immer wieder Autorinnen und Autoren dazu hinziehen, vielleicht sogar verführen, dieser Fülle ein weiteres Buch hinzuzufügen, um Reize dieses Landes aufzuzeigen, denen bislang keine oder auch bloss zuwenig Beachtung zugekommen ist. Mit Recht – so glauben wir –, denn dem Geiste eines Landes, das in sich so viele Gegensätze, ja sogar Widersprüche vereint, ist nur dadurch gerecht zu werden, dass man Steinchen für Steinchen zusammenträgt, so dass aus objektiven Fakten, denen sich subjektive Empfindungen, Wertungen,

Impressionen beimengen, ein immerfort sich wandelndes, sich stetig entwickelndes Mosaik entsteht.

Von der italienischen Mentalität, von der italienischen Lebensweise, von der italienischen Küche und der Kultur ist oft die Rede. Man nennt das Ganze «Italianità» und verwendet damit einen Begriff in der Einzahl als einen Topf, in den man selbst Unvereinbares hineinwerfen zu können vermeint. Wer aber weiss, dass vom fünften bis ins neunzehnte Jahrhundert die Sprachen, die Sitten, die Künste und die Menschen des Festlandes und der Inseln, die heute zur Italienischen Republik gehören, nie unter einer einzigen Nation miteinander verbunden gewesen sind, wird darüber nicht erstaunt sein, dass Sizilianer und Kampanier in Zürich und in Wolfsburg nicht erheblich grössere Anpassungsschwierigkeiten haben als etwa in Turin oder in Mailand. Erstaunt ist man vielleicht darüber, dass es trotz der enormen Gegensätze und trotz des Mangels an nationaler Geschichte auch wirkliche und tiefe Gemeinsamkeiten gibt, welche die «Italianità» nicht zu einem leeren Begriff machen. Märkte, «Mercati e mercatini», pittoreske Verkaufsstände in riesigen Markthallen oder in engen Gässchen, ein

Fremdes und Ausländisches gilt fast überall in Italien
als besonders fein und vornehm. Doch man wird da
und dort auch einem Hauch von Chauvinismus
begegnen, wie bei diesem Stand in Florenz:
«Viva l'Italia!»

tief in der Volksseele verwurzelter Sinn für Ästhetik neben ungebändigtem Kitsch, uraltes, traditionelles Kunsthandwerk und erstklassige Naturprodukte neben amerikanischen Jeans aus zweiter Hand und billigem Plastik aus der Hand eines fernöstlichen Roboters. Was in Italien für die «Italianità» von Bedeutung ist, lebt nirgendwo deutlicher, offenkundiger nebeneinander, miteinander, in chaotischem und dennoch durchsichtigem Durcheinander als eben auf dem Markt, der als Spiegel der Volksseele alle Gegensätze aufzeigt, die eine Völkergemeinschaft in eine junge Nation hineinträgt.

Der Handel auf der Strasse, auf den Marktplätzen oder in Markthallen übt eine Faszination aus, hat einen eigenen, besonderen Zauber, dem sich wohl niemand ganz entziehen kann und will – schon gar nicht in Italien, wo sich der Markt und seine Bedeutung durch modernere Einrichtungen wie das Warenhaus weniger haben zurückdämmen lassen als in den meisten andern europäischen Industrienationen.

Unsere Vorstellung des südlichen Nachbarlandes ist nach wie vor weitgehend von Urlaubseindrücken geprägt, die wir in persönlicher Erfahrung gesammelt oder von Freunden und Bekannten mitgeteilt bekommen haben. Daran ändern politische Begebenheiten, Schwankungen der Konjunktur, Handelsabkommen und wissenschaftliche Zusammenarbeit wenig. Italien bleibt trotz besseren Wissens ein Land, das wir allzu gerne mit Begriffen wie «Sonne», «Strand», «Ferienliebe», «Mandolinenromantik» und «dolce far niente» in Verbindung bringen. All diese Assoziationen sind natürlich nicht gänzlich an den Haaren herbeigezogen, das Bild ist nicht vollkommen unberechtigt, aber doch von einer vereinfachten Betrachtungsweise verzerrt, die leicht eine heilvolle Korrektur erfahren kann, wenn man sich da und dort mit offenen Augen und Ohren auf einen Spaziergang durch die Märkte Italiens macht.

Vorangehende Doppelseite:
Die etruskische Stadt Volterra war auch unter Rom sehr bedeutend. Im Mittelalter war sie sogar wesentlich grösser als heute. Seit mehr als zweitausend Jahren ist hier Mercatotradition lebendig.

Gegenüberliegende Seite:
Parkverbot von sechs bis vierzehn Uhr – da hat in Marino der Mercato Vorrang. Schliesslich kam diese Kundin schon hierher, um Früchte und Gemüse einzukaufen, als es kaum Autos und schon gar keine Verkehrsprobleme gab.

Nachfolgende Seiten:
Vielleicht träumt dieser Gemüsehändler aus Sorrent von einem weniger bescheidenen Marktstand und von Scharen von Kaufwilligen, die vor seinem Laden Schlange stehen. Ob er aber seine Musse wirklich aufgeben möchte? Schlecht scheint es ihm jedenfalls nicht zu gehen.

Dieser Imker aus Chianciano in der Toskana hat seine Honigtöpfchen liebevoll zu einem Stilleben gruppiert. Auch ohne Registrierkasse und Computer wird er seinen Lebensabend als Marktfahrer verbringen, ohne sich daran zu stossen, unzeitgemäss zu wirken.

Alles nach Lust
und Laune

Der Tourist, der auf den ersten Blick sieht, was man alles besser machen könnte, ist oft genug karikiert worden, und wir pflegen wohl alle darüber zu lachen, als wäre die überhebliche Besserwisserei eine jener schlechten Eigenschaften, die es bei anderen zu bekämpfen gilt, vor der *wir* aber ganz gefeit sind. Nun lehrt aber die Erfahrung, dass bei einem Gang durch einen italienischen Markt nicht bloss überordentlichen Deutschen und pedantischen Schweizern, sondern auch Italienern, die ein paar Jährchen im Ausland gelebt haben, ein fast unerträgliches Mass an Unordnung und ein Mangel an koordinierter Arbeitsweise ins Auge springt. Es beginnt damit, dass man oft gar nicht weiss, wo der Markt eigentlich beginnt, wo er aufhört, ob es sich in einem Stadtteil um einen grossen Markt oder um viele kleine Märkte handelt. Da hat einer einen luxuriösen Stand mit allen Leckereien, die uns das Meer beschert, alle Fische wie von Künstlerhand ausgerichtet und angeordnet, mit maschinell hergestellten Preisschildchen versehen, während dort einer auf dem Rücksitz einer rostenden Lambretta eine Kiste mit zehn Fischen und drei oder vier Kilo Muscheln vor den Fliegen zu retten versucht.

Zu allem Überfluss hat er mit Filzstift und Karton ein Werbeplakat improvisiert, auf dem «otimo pesce» zu lesen ist und das dem potentiellen Käufer nicht die wirkliche Qualität des Fisches, sondern die orthographische Unbeholfenheit des Fischhändlers verrät. «Warum liefert er seine Ware nicht dem besser eingerichteten Konkurrenten und lässt sie von ihm ausstellen?» werden wir uns fragen. «Und wie kann ein solcher Einmannbetrieb überhaupt bestehen?»

Bücherstände, die neuwertige moderne Enzyklopädien und eine durchaus brauchbare Auswahl an neuer und alter Literatur im Sortiment haben, thronen stolz neben dem zerbeulten Koffer eines alten Mütterchens, das keinen Grund sieht, sich nicht eine Buchhändlerin nennen zu lassen, bloss weil sie rund ein Dutzend zerrissener Schmöker feilbietet, die niemanden interessieren. Irgendwann wird schon jemand kommen, der den dritten Band einer Einführung in die Zahnheilkunde von 1922 suchen wird. Den wird er beim Mütterchen finden, und es wird ihm nichts ausmachen, dass darin einige Seiten fehlen. Vielleicht wird der Käufer aber auch ein unbedarfter Sammler sein, der gerade das

Ein Auto und ein Sonnenschirm sind seine ganze Einrichtung. Heute verkauft er in Zevio Socken, doch schon das nächste Mal könnten es Unterhosen, Scheren und Messer oder Strohhüte sein. Ein solches Unternehmen ist flexibel und lässt sich nicht auf eine Branche fixieren.

erste Stück seiner vermeintlichen Antiquitätensammlung erstehen wird, und vielleicht wird es jemand sein, der gegenüber der alten Dame nicht unfreundlich sein will und der es vorzieht, zweitausend Lire für ein unbrauchbares Buch zu bezahlen, als sich die nervenaufreibende Werbung der Händlerin länger anzuhören.

Solche Beispiele gibt es genug. Mitten im Gewühl, zwischen den vornehmsten Ständen, etwas abseits, in einem Gässchen, vor einer Haustür, auf der Kirchentreppe, wo und wie es die Laune gerade will, verkauft einer vier Flaschen Öl, ein anderer zwei Schweizer Taschenmesser und fünf Modelleisenbahnlokomotiven verschiedener Marken, ein weiterer hat sich auf Damenunterwäsche der Grösse 42 und auf Kirchengesangbücher spezialisiert, während sein Standnachbar den Handel mit einem Paar Scheibenwischern aus zweiter Hand und sonstigen Kleinigkeiten, die sich einer genaueren Branchenzuordnung entziehen, vorzieht.

Aber auch sonst kommen wir, die wir im Handel andere Massstäbe kennen und gewohnt sind, nicht aus dem Staunen heraus. Geldscheine werden lose in die Hosentasche gesteckt, Spezialpreise und kleine Geschenke werden scheinbar ohne System gemacht. Wie ist eine genaue Buchhaltung, eine zuverlässige Kassenabrechnung unter solchen Verhältnissen überhaupt möglich? – Nun, wahrscheinlich gar nicht! Aber die Lebendigkeit und die Beständigkeit der Mercati und ihrer Handelsmethoden geben uns das beunruhigende Gefühl, dass es ohne die Errungenschaften unserer moderneren Handelstheorien auch möglich ist, Geschäfte zu betreiben. Und wenn wir dann sehen, dass der Fischverkäufer mit den zehn Fischen, das Mütterchen mit den unbrauchbaren Büchern, der Olivenölhändler mit den armseligen vier Flaschen und der Unterwäscheverkäufer mit den Kirchengesangbüchern Ladenschluss machen können, wann immer ihnen der Sinn danach steht oder wenn sie das Gefühl haben, genug verdient zu haben, dann steigt in uns vielleicht etwas Neid auf, vor allem dann, wenn wir mitansehen müssen, wie der von uns so sehr bemitleidete Händler vor der Heimreise am Gemüsestand die Ingredienzen für ein opulentes Mahl einkauft.

Sicher würde manches Geschäft durch unsere Beratung den Umsatz binnen weniger Tage erhöhen, aber der Preis, den Standort, den Arbeitsbeginn, den Ladenschluss, die Feiertage und den Warenpreis nicht mehr nach Lust und Laune bestimmen zu können, wäre sicher manchem zu hoch.

Gegenüberliegende Seite:
Tiepolos, Tintorettos und Segantinis Genie haben freilich in der Kunst dieses Malers keine Spuren hinterlassen. Aber die Sorgfalt, mit der er seine Ölminiaturen anfertigt, steht derjenigen der alten Meister nicht nach.

Nachfolgende Doppelseite:
Der nicht sehr beschäftigte Blumenverkäufer im ligurischen Albenga scheint sich in seiner paradiesischen Umgebung ganz wohl zu fühlen, und augenzwinkernd veräussert er es auch, sein stilles Glück.

Reden, plaudern, schwatzen

Freilich, in jedem Land werden sich Gegensätze finden und Widersprüche entdecken lassen, und es wäre töricht, sich länger darüber zu wundern, dass überall das vermeintlich Typische weniger häufig ist, als wir es aufgrund vorgefasster Meinungen erwarten. Doch für Italien ist der Gegensatz – wir werden darauf gelegentlich noch zurückkommen – mehr als bloss ein Abweichen von einer Regel. Das Aufeinandertreffen des Gegensätzlichen, die mehr oder minder harmonische Koexistenz des Widersprüchlichen ist für die Völker der italienischen Halbinsel und der Inseln geradezu ein Wesensmerkmal.

Nirgendwo wird dies deutlicher als auf dem Markt. Auf dem «Mercato» begegnen sie sich alle: die lauten Marktschreier, die das Land des «Bel canto» um eine schräge Note bereichern, die spazierenden Rentner, die den Einsatz der italienischen Truppen im Libanon kommentieren, die korpulenten Mütter mit den schweren Einkaufstaschen und mit den vielen ungezogenen Kindern, die vornehmen Damen, deren Ansichten noch viel älter sind, als sie selbst aussehen, die Verkäufer, die sich für den Sieg «ihrer» Fussballmannschaft mehr zu interessieren scheinen als für den Umsatz ihres Marktstandes, die andern,

die jeden übers Ohr zu hauen bereit sind, die Bettler, die Reichen, die Faulen und die Fleissigen, die Meckerer und die Ewigzufriedenen. Was tun sie? Kaufen oder verkaufen, natürlich – einige wenigstens. Aber sie tun mehr als das – sie konversieren, kommunizieren, plaudern, streiten, grüssen, reden, reden, reden… Darin wenigstens scheint es weniger Unterschiede und Gegensätze zwischen Nord und Süd, zwischen Stadt und Land, zwischen Armen und Reichen, zwischen Jungen und Alten zu geben. Alles kann zum Anlass für eine Unterhaltung genommen werden. Einmal freundlich, einmal weniger – wenn nur geschwatzt wird! «Chiacchierare» ist das Verb für plaudern, schwatzen, drauflosreden, oder «fare quattro chiacchiere», eine Redewendung, die dasselbe noch deutlicher, bildlicher und genauer ausdrückt.

Im Gedränge vor einem Stand mischt sich einer – was durchaus keine Seltenheit ist – in fremde Angelegenheiten: «Signora, entschuldigen Sie, aber der Herr war vor Ihnen da! Gehen Sie doch mal nach England, dort werden Sie sehen, was zivilisiertes Schlangenstehen heisst!» Keine Angst – die Signora weiss sich zu wehren: «Warum gehen *Sie* nicht nach England oder

Heitere und ernste Gesichter auf dem Markt in Soave.
Der Mercato ist ein Ort der Begegnung. Man trifft
Nachbarn, Freunde, Verwandte und Leute, die man
sonst selten oder nie sehen würde. Eine Gelegenheit,
sich nach ihrem Befinden zu erkundigen.

sonst irgendwohin?!» Ein Verkäufer zu einem Kunden, den er zum erstenmal sieht: «Sag mal ganz ehrlich – ich frage dich, weil du ein Freund bist – hast du schon mal eine solche Tasche zu einem solchen Preis gesehen.» – «Was weiss ich, was Taschen kosten! Ich brauche einfach keine Tasche.» – «Also gut, ich will dir noch diese Brieftasche aus echtem Leder dazugeben – für denselben Preis. Mehr kann ich wirklich nicht tun.» Ein feiner Herr mit Stock und Hut lässt sich einen Fisch in ein Zeitungspapier einwickeln, während er dem Fischer mit Beredsamkeit erklärt, was Celentano am letzten Samstag im Fernsehen hätte besser machen sollen. Der Fischer hört ihm zu und nickt, gibt ihm mit seiner Mimik zu verstehen, dass er zwar gleicher Meinung ist, dass sich aber daran leider nichts ändern lässt. Doch gleichzeitig fährt er fort, seinem Sohn Anweisungen zu geben, wie er die Fische auf dem Tisch anzuordnen habe, und das stört den belehrenden «Fernsehkritiker» nicht im geringsten. Bald geht's ja weiter zum Gemüsestand, wo man die Konversation weiterführen kann. Vielleicht trifft man sogar unterwegs eine Nachbarin, einen Kollegen, den Pfarrer oder einen Genossen aus der Partei, und, wer weiss, das könnte ein Grund sein, zusammen einen Aperitif zu nehmen, einen Chinotto oder einen «caffè corretto» – das macht schliesslich das Diskutieren noch schöner.

Wären aber alle schwatzhaft, hätten wir keinen Gegensatz. Es muss auch die Schweigsamen geben – und es gibt sie! Auch das ist italienisch. Auch das ist so typisch wie das Gegenteil: minimalisierte, ökonomisch auf wenige Gesten reduzierte Kommunikation. Auch darin gibt es wahre Meister.

Hinter einer «bancarella» (Verkaufsstand) sitzt ein junger Herr, der Kleider verkauft. Sein leidend apathischer Gesichtsausdruck verrät dem geübten Betrachter: Es handelt sich um einen Maestro des eloquenten Schweigens! Den Gruss einer Signorina erwidert er mit einem kräftigen Zucken der Augenbrauen. «Haben Sie diese Hose nicht eine Nummer kleiner?» fragt die interessierte Kundin. «Nein, schauen Sie, das ist alles, was wir haben. Es tut mir leid», meint er. Aber er sagt es nicht! Er drückt es aus! Unmissverständlich! Ein paar Handbewegungen, ein zuchtvolles Spiel der mimischen Muskulatur, das zu beschreiben ein Ding der Unmöglichkeit ist, wenige Sekunden nur, und der Käuferin ist alles klar. Auch der weitere Verlauf der Unterhaltung bleibt einseitig wortlos: «Ich könnte die Hose enger machen.» – «Sicher, wenn Sie das können.» – «Ist es auch wirklich gute Qualität?» – «Signorina! Ich bitte Sie! Wie können Sie daran zweifeln!» Erst als es gilt, den Preis zu nennen, merken wir, dass der Maestro nicht etwa wirklich stumm ist. Daran, dass er den Preis verbal nennen muss, ist aber allein die Inflation schuld: Wie will man denn mit Gestik einen Betrag wie 48 000 Lire ausdrücken?

Gegenüberliegende Seite:
Die eine Dame aus Monterotondo ist sich ihrer Sache ganz sicher, die andere kann ihre Skepsis nicht verbergen. Was aber so gewichtig aussieht, rhetorisch und mimisch gestaltet wird wie ein Drama von Pirandello, ist oft blosse Unterhaltung als Selbstzweck.

Nachfolgende Doppelseite:
Auch für Teenagers in Castel Madama haben Mercati ihren Reiz, und die Marktfahrer sind darauf bedacht, das Angebot auch an ihre Bedürfnisse anzupassen, damit ihnen selbst und vielleicht eines Tages ihren Kindern die Kundschaft erhalten bleibt.

Gütezeichen und Festpreis

Die italienische Küche hat in den letzten Jahren überall in Europa an Ansehen und Beliebtheit gewonnen, gute Kochbücher, italienische Restaurants, Pizzerie und ein reiches Angebot an italienischen Spezialitäten und Produkten in Warenhäusern und Spezialgeschäften haben dazu beigetragen, dass «il piatto italiano» nördlich der Alpen, in der Schweiz, in Deutschland und in Österreich nicht mehr fremd ist. Peperoni, Auberginen, auch Eierfrucht genannt, Artischocken und Pfefferschoten sind auch bei uns längst keine Exotika mehr, und viele Hausfrauen und Hausmänner sind durchaus geübt, vor dem Kauf die Qualität fachkundig zu beurteilen. Die Gemüse- und Früchtestände der italienischen Märkte laden ein, diese Fähigkeit denn auch im Urlaub unter Beweis zu stellen oder sie doch wenigstens zu erwerben. An guten landwirtschaftlichen Erzeugnissen fehlt es nicht, und der Sinn für eine ästhetische Präsentation, der den meisten Marktfahrern nicht abgeht, erhöht die Freude am Einkaufen und kann durchaus einmal dazu veranlassen, eine Tragtasche voll Früchte ins Hotelzimmer zu tragen, deren man eigentlich gar nicht bedarf. Auch wer in einer Ferienwohnung oder auf dem Campingplatz selber zu kochen beabsichtigt, kann auf einem schönen Markt der Versuchung erliegen, sich von diesem oder jenem ein halbes Pfund mehr in die Tüte legen zu lassen. Wie könnte man einer solchen Verlockung widerstehen! Sonnengereifte, leuchtendrote Tomaten, gelbe, grüne und rote Peperoni, deren Anblick genügt, das Wasser im Munde zusammenlaufen zu lassen, Auberginen, die in ihrer Hochglanzpolitur nur darauf zu warten scheinen, vom scharfen Messer in Scheiben geschnitten, gesalzen, gepfeffert und in duftendem Olivenöl fritiert zu werden, tiefgrünes Basilikum, das für das Abendmahl «Tagliolini al pesto» suggeriert, Oliven für zwischendurch, eine reife Melone, kühlgestellt, mit etwas Schinken aus Parma als Antipasto und Feigen zum Nachtisch! Wer will denn überhaupt widerstehen, und warum sollte er? Das Einkaufen gehört zum Essen, und das gute Essen gehört zum Urlaub, zum guten Leben schlechthin – in diesem Land ganz besonders.

Eine kleine Warnung sei aber dennoch ausgesprochen. Italien ist längst nicht mehr das Billigland, das manchem vielleicht seit der ersten Reise in Erinnerung geblieben ist. Wer mit dem Umrechnen der Preise noch etwas Mühe hat, der tut gut daran, sich dafür Zeit zu nehmen, um un-

«Fior di latte», wörtlich «Milchblüte», ist eine Mozzarella bester Qualität. Mit Frankreich hat sie selbstredend nichts zu tun. Da aber Französisches a priori zum Allerbesten gezählt wird, ist dieses Plakat in Rom durchaus werbewirksam.

liebsame Überraschungen zu vermeiden. Dass einzelne Produkte sogar mehr kosten als nördlich der Alpen, wird zwar nicht die Regel sein, doch selbst mit dieser Möglichkeit muss gerechnet werden, denn es kommt vor. Ratsam ist ferner, die Preise der verschiedenen Stände zu vergleichen. Man wird bald entdecken, dass sie grössere Schwankungen von Woche zu Woche und grössere Unterschiede von Stand zu Stand aufweisen, als es sich Urlauber von zu Hause gewohnt sind. Aber auch daraus kann keine allgemeingültige Regel abgeleitet werden. Erfahrungen, die man im Latium gesammelt hat, können nicht auf Sizilien übertragen werden. Was in Apulien die Regel ist, kann in Venezien die Ausnahme sein und umgekehrt. Was für die Lombardei gilt, braucht in der Toskana nicht zu stimmen. Und wenn wir schon zu den Gegensätzen zurückgekehrt sind, sei ein Letztes noch bemerkt: Die Italiener essen gern und gut. Das wenigstens sagt man ihnen nach, und es wird in den meisten Fällen auch stimmen, denn wie hätte sich sonst ihre weltweit beliebte und geschätzte, vielfältige und phantasievolle kulinarische Tradition entwickeln können. Das verrät auch der Markt, der mit der Qualität der Produkte den hohen Ansprüchen verwöhnter Gaumen zu genügen hat. Es fällt in der Tat schwer, sich eine italienische Signora vorzustellen, die mit minderwertiger Ware ihre Taschen vollstopft und obendrein noch bereit ist, denselben Preis zu bezahlen, den sie an einem andern Stand für beste Erzeugnisse bezahlt hätte.

Nun ja, es fällt schwer; einem Italiener ganz besonders. Doch es gibt sie! Es muss sie geben, denn wie könnten sie sonst überleben, die Marktverkäufer, die es eben leider auch gibt, welche ohne Skrupel Ware zu unberechtigt hohen Preisen feilbieten, die ihres guten Rufes nicht würdig ist? Offensichtlich muss man sich mit der befremdenden Tatsache abfinden, dass auch unter der mediterranen Sonne kulinarische Barbaren existieren, die sich nicht aus Not, sondern aus Unvermögen ihres Geschmackssinnes mit jedem Tellerinhalt zufrieden geben.

Hat das für den Urlauber Bedeutung? Ja, in doppelter Hinsicht. Erstens sollte er wissen, dass die eben beschriebene Gattung unter den Marktkunden eine eher seltene ist. Folgerichtig ist auch ein unbefriedigendes Angebot nicht die Regel. Erlebte Enttäuschungen sind also kein Grund, es beim nächsten Markt nicht noch einmal zu versuchen – mit der nötigen Aufmerksamkeit, versteht sich. Zweitens sollte jeden Einkauf das Wissen begleiten, dass Preis und Qualität nicht in einem bestimmten, allgemein gültigen Verhältnis zueinander stehen, schon gar nicht in Italien und schon gar nicht auf dem Markt: eine doppelt teure Melone ist folglich nicht notwendig doppelt gut. Das gilt natürlich nicht nur für Früchte und Gemüse. Es ist eine Warntafel, die mit gleichem Recht dort stehen kann, wo man Kleider, Kunsthandwerk, Schmuck, Uhren(!), Schuhe, Fische, Fleisch oder Bücher verkauft. Auf Gütezeichen wird man sich nicht verlassen kön-

Mit Coppa, Mortadella, Schinken und Salami
haben die italienischen Wurstwaren nunmehr in der
ganzen Welt Massstäbe gesetzt. Mit dem Kilopreis von
9900 Lire für erstklassige Nostrano-Salami
hat dieser Stand in Salò wohl keine Konkurrenz
zu fürchten.

COPPE PARMA STAGIONATE
BURRO NOSTRANO
CRUDI
SALAMI NOSTRANI EXTRA
SALAMI NOSTRANI SPECIALE EXTRA

nen, und allgemeingültige Einkaufsregeln im Sinne der hierzulande bekannten Verbraucherinformationen sind wohl auch kaum abzugeben. Um Ernüchterungen vorzubeugen, bleibt dem Urlauber nichts anderes übrig, als mit wachem Auge seine Anschaffungen in Ruhe zu planen und zu überlegen, gemachte Erfahrungen nicht vom einen auf den andern Ort blind zu übertragen und jedem Einkauf eine ausgedehnte Erkundungsrunde über den Markt vorauszuschicken. Wer mit den Sitten und Verhältnissen auf einem bestimmten Markt nicht vertraut ist, kann sich sehr leicht eines unpassenden Benehmens schuldig machen. So wird ein Fremder, der sich auf einem Markt, wo man sich längst an Festpreise hält, über die Regeln hinwegsetzt und hartnäckig im Feilschen versucht, nur Zorn oder bestenfalls mitleidiges Lächeln auslösen. Anderseits macht ein anderer sich lächerlich, der ohne zu feilschen einen viel zu hohen Preis bezahlt, wo Feilschen üblich ist.

Gegenüberliegende Seite:
Nie ist der Kunde kritischer, was die Sauberkeit des Marktstandes und die Frische der Ware angeht, als beim Einkaufen von Fischen und Meerfrüchten. Diese Fischhändlerin in Venedig wird jeden noch so heiklen Marktgänger zufriedenstellen.

Nachfolgende Seiten:
Diese Fischer aus Noli haben eben ihre Netze eingezogen. Frischer können die Fische gar nicht sein als diese, die zum Teil im Netz noch zappeln, und billig sind sie obendrein. Es lohnt sich, früh aufzustehen.

Kraken sehen für Liebhaber der Fischküche verführerisch aus. Auf Reisende hingegen, die sich weniger gut auskennen, mögen sie nicht sehr appetitlich wirken. Das Zubereiten des Oktopus ist nicht sehr schwierig, doch es lohnt, ein gutes Kochbuch zu konsultieren. Von Experimenten ist abzuraten.

Was auf den ersten Blick aussieht wie Pinselstriche eines impressionistischen Malers, erweist sich bei näherem Hinsehen als das Werk eines römischen Fischverkäufers, der seine «Gemälde» mit Fischen «malt».

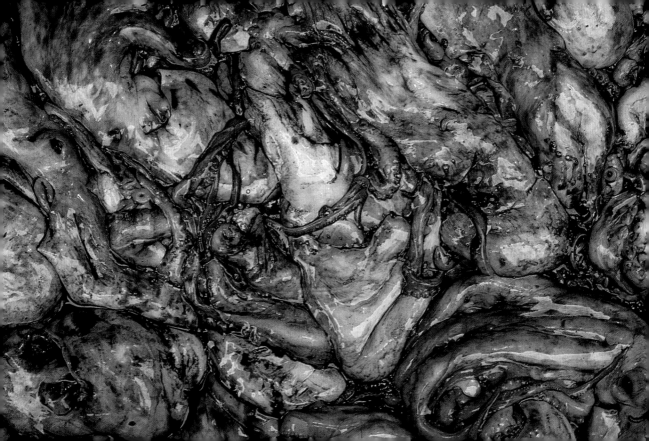

Ein Hauch
von 1001 Nacht

Auch die arabisch-islamische Welt hat vornehmlich in Süditalien und in Venezien ihre Spuren hinterlassen, und auf den Märkten Siziliens – besser wäre es vielleicht, von Basaren zu sprechen – atmet man durchaus noch orientalische Luft. Das emsig geschäftige Treiben, die angebotene Ware, die Hektik und der Lärm auf den Märkten Palermos und Marsalas erinnern mehr an Kairo, an Bagdad oder an Istanbul als etwa an Mailand oder Bologna. Arabisches zeigt sich immer noch sehr lebendig in vielen Aspekten des sizilianischen Alltags. Kuskus, ein nordafrikanisches Hirsegericht, in Sizilien «cuscus» oder auch «cuscussù» genannt, ist von der traditionellen sizilianischen Speisekarte genauso wenig wegzudenken wie die Tomate und das Olivenöl von der neapolitanischen Küche oder die Polenta vom Tische der Lombarden. Viele Wörter der sizilianischen, der genuesischen und der venezianischen Sprache sind arabisch oder wenigstens arabischen (oder türkischen) Ursprungs, und die Gestik der sizilianischen Fischer, Marktfahrer und Händler ist für uns kaum von der Gestik der Nordafrikaner zu unterscheiden.

Sizilien ist ein fruchtbares Land. Ein nährstoffreicher vulkanischer Boden, ein warmes und doch nicht allzu heisses Klima, Wasser (nicht im Überfluss, aber doch meistens in hinreichenden Mengen) sorgen für ein geradezu paradiesisch anmutendes Angebot an Früchten und Frischgemüse. Die Fischer werfen trotz der argen Verschmutzung des Mittelmeers ihre Netze nicht ganz ohne Erfolg aus, so dass Einheimische und Urlauber noch immer in den Genuss einer Gourmandise wie «Pescespada ai ferri» (Schwertfisch vom Grill) kommen können. Fisch allerdings – das wird angesichts des prekären Zustandes der Gewässer nicht sehr erstaunen – ist auch in Sizilien sehr teuer geworden. In der kalten Jahreszeit, die auf der Insel selbstredend wesentlich kürzer ist als in Norditalien oder gar bei uns nördlich der Alpen, werden Produkte feilgeboten, die ebenso typisch sizilianisch sind, obwohl sie bestimmt keinen islamischen Ursprung haben: «Salsicce piccanti» (scharfe Wurst vom Schwein mit Kümmel und Pfefferschoten).

In Palermo auf der «Vucciria» und in den Gässchen der Altstadt bis hin zur Piazza Ballarò, aber auch in andern grossen und kleineren Städten Siziliens gibt es Märkte und Basare in Fülle, wo auf Karren, auf dem Boden, in Buden und Ständen Obst,

Gegenüberliegende Seite:
Der Mercato unter den gotischen Arkaden in Genua hat sich seit der glanzvollen Zeit der mächtigen Seefahrerrepublik nicht wesentlich verändert – das spärliche Licht spenden Glühbirnen statt Öllämpchen.

Nachfolgende Seite:
Die grosse, moderne Markthalle in San Remo hat den traditionellen Mercato in den dunklen Gassen nicht verdrängt. Altes und Neues existiert im reizvollen ligurischen Städtchen konfliktlos nebeneinander.

Gemüse, Fisch, Fleisch, Gewürze, Lebensmittel aller Art, auch Porzellan, Keramik, Teppiche, Tücher und vielerlei kunsthandwerkliche Gegenstände zum Kauf oder auch bloss zum Bestaunen und Fotografieren anregen. Ganz besonders sei auch auf den Flohmarkt auf der Piazza Domenico Peranni, nahe der normannischen Kathedrale, in Palermo hingewiesen, wo selbst hartgesottene alte Feilscher ihre Fähigkeiten noch auf eine harte Probe stellen können.

Dem Ganzen wird auch dadurch noch eine weitere orientalische Note aufgesetzt, dass sehr viele Händler wirkliche Araber sind: Nordafrikaner, die handwerkliche Meisterstücke und unbrauchbaren Kitsch anbieten, und die den Eindruck erwecken, dass sie sich alle Mühe geben, ihren arabischen Akzent nicht zu verlieren.

Nordafrikanischen Arabern wird man auch an den ligurischen, tyrrhenischen und adriatischen Stränden oft begegnen. Schwer beladen mit Teppichen, Matten, Tüchern, Halsketten, Körben, maschinell oder von Hand angefertigten Zier- und Gebrauchsgegenständen ziehen die meistens sehr jungen Marokkaner und Tunesier von Lido zu Lido, um jeder Touristin und jedem Touristen die einmalige Gelegenheit zu gewähren, einen Freundschaftspreis zu bezahlen.

Auch in Venedig erinnert vieles noch an die Zeit, in der die mächtige Seefahrer-Republik das östliche Mittelmeer, den Seeweg zu den Gewürzmärkten des Nahen Ostens beherrschte und zu den Ländern und Kulturen des Orients mehr kulturelle, politische und militärische Beziehungen hegte als zu den meisten italienischen Staaten. Das eigentümliche, vergleichlose Leben in einer Stadt, in der sich fast alles, was anderswo auf der Strasse geschieht, auf dem Wasser abspielt und in der Ambulanzen, Müllbeseitigungsfahrzeuge, Feuerwehrwagen, Taxis, Leichenwagen, Milchwagen und Streifenwagen der Polizei durch Schiffe und Boote ersetzt sind, trägt die orientalische Kulisse dazu bei, alles noch ein bisschen märchenhafter erscheinen zu lassen.

Viele sprachliche Einflüsse, welche die venezianische Sprache während der intensiveren Handelsbeziehungen mit Vorderasien erfahren hat, sind in die moderne italienische Hochsprache aufgenommen worden und haben sich zum Teil sogar in andere europäische Kultursprachen eingeschlichen. So kommt unser Wort «Kiosk» beispielsweise aus dem italienisch-venezianischen «chiosco», was seinerseits aus dem Türkischen stammt und ursprünglich einen Marktstand oder einen kleinen Laden bezeichnete.

Vorangehende Seite:
Das Interesse für Spitzen und Häkelarbeiten hat auch in Italien stark abgenommen, seit es kaum mehr üblich ist, den Mädchen eine Aussteuer mitzugeben. Dieser ältere Verkäufer in Florenz nimmt es gelassen.

Gegenüberliegende Seite:
Dieser Stand mit Tüchern, Häkeldecken, Teppichen und Türvorlegern nimmt in Castel Madama fast die ganze Breite einer Strasse ein. Auf dem Land ist das traditionelle Kunsthandwerk noch gefragter als in den städtischen Agglomerationen.

Nachfolgende Seiten:
Mercati und Mercatini, ob hier in Loano oder anderswo, sind auch kleine Feste, besonders wenn man Feriengäste hat. Und auf einem Volksfest gehören Luftballons fraglos dazu.

Extraterrestrier, die mit Laserpistolen vorsintflutliche Ungeheuer jagen, kennen die italienischen Kinder von den japanischen Trickfilmen her, die von staatlichen und privaten Fernsehstationen jeden Tag ausgestrahlt werden. Dieser Spielwarenstand in Florenz hat sich auf die neuen Idole eingestellt.

Das Erbe
der Antike

Die Kulturen der italienischen Regionen haben viele Wurzeln und haben im Verlauf der Jahrhunderte verschieden starke und verschiedenartige Einflüsse von zum Teil benachbarten, zum Teil weit entfernten Völkern erfahren. Wenig weiss man über die ureigene Villanova-Kultur, die bis zum Auftreten der Etrusker auf dem nördlichen Teil der italienischen Halbinsel, vornehmlich im Südosten der Po-Ebene verbreitet war. Ob die Villanova eine Markttradition hatten, welche Bedeutung ihrem Handel zukam, das ist wohl kaum mehr mit Bestimmtheit auszumachen. Anderseits ist es für uns kaum von Bedeutung, denn selbst wenn es überhaupt aus jener Kultur noch ein Bindeglied zur Gegenwart gäbe, wäre es ein äusserst schwaches, mithin vernachlässigbares.

Wann genau zu Beginn des ersten vorchristlichen Jahrtausends und woher die Etrusker kamen, darüber gibt es noch keine endgültige Klarheit, und auch das Rätsel um ihre Sprache, die sich nirgendwo einordnen lässt, ist noch nicht gelüftet. Sicher indessen ist, dass die Etrusker, die «Rasna», wie sie sich selber nannten, hervorragende Handwerker waren und ihre kunsthandwerklichen Erzeugnisse auf grossen Märkten, die bis nach Griechenland bekannt waren, feilboten. Die Marktplätze Etruriens waren geradezu Orte des internationalen Handels und Warentausches. Neben Phönikern trieben sich Ägypter, neben Griechen Karthager auf den Märkten in Felsina (heute Bologna), in Perusia (Perugia) und Tarquinia herum, kauften, verkauften und feilschten.

Im Süden Italiens waren die Griechen zu Hause. Selbstredend wären griechische Städte ohne Märkte nicht denkbar. Aber die Griechen brachten nicht nur den Markt (Agora) nach Apulien, Kalabrien und Sizilien, sondern nahmen zugleich eine Tradition mit, die dem Mutterland bereits unsägliche Früchte beschert hatte und den neuen Städten ebensolche versprach. Auch die römische Kultur, die zu jener Zeit im Keimen begriffen war, sollte von diesem Brauch beeinflusst werden: der Markt als Ort des philosophischen Denkens und Forschens. Die Gepflogenheit mag mit Thales oder sogar noch früher begonnen haben, doch niemand wird dem weisen Sokrates den Rang als prominentesten «Marktphilosophen» aller Zeiten

Gegenüberliegende Seite:
Modernste Markteinrichtungen vor der verwitterten mittelalterlichen Stadtmauer in Soave. Die Innenstädte werden für die grossen Stände und für den Warentransport mit Lastwagen zu eng. Die Märkte finden immer häufiger ausserhalb der historischen Zentren statt.

Nachfolgende Doppelseite:
Marktbuden in Verona, die schon fast richtige Läden sind; feste Einrichtungen, die man nach Feierabend schliessen und anderntags wieder öffnen kann. Dennoch haben sie etwas Provisorisches, sind in gewissem Masse mobil. Italien liebt das definitiv Provisorische und das provisorisch Definitive.

streitig machen wollen. Im Athen des fünften vorchristlichen Jahrhunderts pflegte der Philosoph, bescheiden gekleidet, barfuss, in selbstauferlegter Armut und strengster Askese, die Märkte aufzusuchen. Nicht etwa um Ware zu kaufen! Zeus behüte! Nein, um Händler, Käufer, Künstler, Soldaten, Reiche und Arme zu treffen, denen er mit seiner penetranten Fragerei an den Nerven zupfen konnte, sie aber gleichzeitig zwang, über Dinge nachzudenken, die ihnen fortan nicht mehr gleichgültig sein konnten: Was ist Tugend? Was ist Gerechtigkeit? So verhalf der grosse Denker dem einfachen Volk zu mancher Erkenntnis, die er selbst nicht zu besitzen vorgab. Wo sonst hätte er eine so bunte Palette an Charakteren, an verschiedenen Menschenschicksalen treffen können, wenn nicht auf dem Markt? Dieses Marktphilosophieren blühte natürlich auch in den griechischen Städten Süditaliens: Kroton, Elea, Syrakus, Samo. Aber weit wichtiger ist, dass diese geistigen Marktgänger in Italien, vor allen Dingen im Süden, keineswegs der Vergangenheit angehören. Es gibt sie noch zu Dutzenden! Sie gehören zu manchem Markt wie der «Parmigiano» auf die «Maccheroni»! Der wohl bekannteste Vertreter dieser Spezies ist Luciano De Crescenzo, der glücklicherweise und im Unterschied zu Sokrates auch Bücher geschrieben hat. Wer über die seltsame Welt der «Mercatini» und Strassenverkäufer ganz speziell in der Stadt Neapel etwas erfahren möchte, dem sei De Crescenzos «La Napoli di Bellavista» empfohlen.

Aber bald war die ganze Halbinsel, bald ganz Europa von den Römern beherrscht. Und auch sie gründeten neue Städte oder bauten bestehende aus, in denen der Markt (forum) eine zentrale Rolle spielte. Viele geographische Namen sind etymologisch auf einen Markt zurückzuführen, so entstand zum Beispiel aus «forum Livii» (Markt des Livius) der Name der Stadt *Forlì*, aus «forum Iulii» (Markt des Julius) der Name der Region *Friuli* (Friaul).

Gegenüberliegende Seite:
«Ape», der dreirädrige Lieferwagen mit Vespa-Motor ist billig, wendig, schier unverwüstlich und sparsam im Treibstoffverbrauch. In den engen Gassen der Altstädte wird auch die Müllbeseitigung vermittels dieser äusserst wichtigen Fahrzeuge vorgenommen.

Nachfolgende Seite:
Ein schattiges Plätzchen unter einem Gewölbe hat sich dieser Verkäufer im ligurischen Laigueglia für seinen Stand ausgesucht. Ein kühles Stück Wassermelone ist an heissen Tagen die beste Erfrischung.

Souvenirs – Kunst und Kitsch

Viele Märkte in touristisch erschlossenen Gegenden haben sich im Laufe der Jahre stark auf den Fremdenverkehr eingestellt. Dies hat zweifelsohne auch gewisse Vorteile sowohl für die Urlauber als auch für die Händler, die zum Teil ausschliesslich von der Kauffreudigkeit der Touristen leben. Gegen das nachempfindbare Bedürfnis, Freunden und Verwandten oder auch bloss für sich selbst ein Souvenir von einer Reise nach Hause bringen zu wollen, ist denn auch nichts ernsthaft einzuwenden. Doch gibt es auch im Falle einer solchen scheinbar unwichtigen Angelegenheit gute Gründe, um eine etwas weiterführende Überlegung anzustellen. Dass man in der Nähe der Piazza dei Miracoli in Pisa kleine, hässliche, falsch proportionierte Schiefe Türme aus Plastik kauft und kaufen kann, mag ja noch halbwegs angehen. Dass man aber dieselben hässlichen Türmchen auch in Pistoia, in Siena und Florenz, ja sogar in Rom kaufen kann, ist nur so zu verstehen, dass es auch wirklich genug Touristen gibt, die ohne langes Überlegen allerlei Klimbim zusammenkaufen!

Der üble Geschmack gehört sicher genauso sehr zur italienischen Geschichte der Ästhetik wie die wundervollen Werke Giottos, Michelangelos, Canovas und Modiglianis. Sanktuarien und Heiligenstatuen, die jedes Schönheitsempfinden verletzen müssen, haben immer schon an allen Ecken in Nischen gesteckt, und wir sind nicht die ersten, die sich manchmal ein wenig daran stossen. Aber mit unserer Reiselust hat auch der Hang zum Kitsch in Italien eine Dimension erreicht, die uns zumindest zu Komplizen macht. Madonnen mit abschraubbarem Kopf, die man je nach Geschmack und Weltbild mit Weihwasser oder mit Branntwein füllen kann, Salatschüsseln mit Papstporträt und goldfarbene Bettdecken mit überbunten Jagdszenen werden in der einheimischen Bevölkerung immer genug Abnehmer finden, aber venezianische Gondeln aus Kunststoff, aus denen eine billige Spieldose fetzenweise süditalienische Ohrwürmer von sich gibt, Petersdome als Schmucktruhen und bayrische Bierkrüge mit dem Kolosseum und zugleich mit der Ansicht des Golfs von Neapel verziert, sind vorwiegend für uns Touristen bestimmt und würden, wenn wir nicht eine Garantie für guten Absatz wären, gar nicht erst produziert. Wir haben die entsetzlichen Erinnerungsstücke immer schon taschenweise nach Hause geschleppt, vielleicht weil wir sie für repräsentativ für den Geschmack der

Gegenüberliegende Seite:
Kruzifixe und Madonnen, billig gerahmte Reproduktionen alter Meister und Berge aus der Hand eines unbekannten Naïf. Dieser Stand im ligurischen Loano wird jeden Kitschliebhaber entzücken.

Nachfolgende Seite:
Nicht nur echter Schmuck will sorgfältig geprüft und mit Besonnenheit ausgewählt sein. Diese Dame aus Colle Val d'Elsa scheint sehr genau zu wissen, was ihrer Eleganz gerecht wird.

Italiener hielten. Wen wundert's, dass wir bald soweit sind, dass man uns Balalaika spielende Toreros in Schottenröcklein anbietet, die auf dem Vesuv Sirtaki tanzen. Freilich, niemand darf sich zum Richter über anderer Leute Geschmack aufspielen, und es gibt Schlimmeres als das Bedürfnis, den Daheimgebliebenen irgend etwas mitzubringen. Doch gerade in Italien, wo es an Märkten nicht fehlt, auf denen man echtes Kunsthandwerk zu angemessenen Preisen kaufen kann, wäre es ein leichtes, schöne Geschenklein und «Ricordini» zu finden, die sowohl dem Käufer als auch den Beschenkten mehr Freude bereiten könnten. In Murano und Burano, in Carrara und in den meisten Städten Liguriens und der Toskana, in Kampanien und auf den Stadtmärkten der grossen Inseln werden Erzeugnisse aus alter Handwerkstradition angeboten, die von Fähigkeiten und Fertigkeiten zeugen, welche seit Jahrhunderten von Generation zu Generation überliefert worden sind und heute auszusterben drohen. Glasbläserkunst, Stickereien, Holz- und Alabasterschnitzereien, Keramik, Marmorarbeiten, Musikinstrumente und Masken der «Commedia dell'Arte» aus Leder, wundervolle Kunstwerke; jede Region hat ihre Geschichte und ihre Tradition! Jeder gute Reiseführer wird darüber informieren und Anregungen geben. Ein aufmerksames Betrachten der Ware und ein besonnenes Einkaufen können auch ein Beitrag zur Rettung bedrohter Handwerkerexistenzen sein.

Und wer denn für Kunst gar keinen Sinn hat, der bringe doch lieber ein Fläschchen Öl, eine Wurst oder eine Tüte Pfefferschoten nach Hause.

Vorangehende Seite:
Es ist oft erstaunlich, dass es für den Klimbim, der auf Flohmärkten wie hier in Florenz feilgeboten wird, überhaupt Käufer gibt. Das aufmerksame Auge indessen kann dann und wann ein Detail von der Schönheit eines Caravaggios erspähen.

Gegenüberliegende Seite:
Es würde einen schon sehr wundern, wenn dieser Marktfahrer in Savona mit irgend einem Wunsch in Verlegenheit zu bringen wäre. Vom Jagdhorn über einen Führer für Pilzsammler bis hin zum Glücksbringer scheint er für jeden Kunden das Richtige zu haben.

Fastfood
und Imbisskultur

Schon in Boccaccios «Decamerone» (Novellensammlung aus dem 14. Jahrhundert) sind köstliche Geschichten und Anekdoten erzählt und Ereignisse beschrieben, die sich auf Märkten abgespielt haben sollen und die ahnen lassen, dass sich seither in mancherlei Hinsicht wenig geändert hat. Berühmt ist Giovanni Boccaccios Novelle vom arglosen Andreuccio da Perugia, der mit einer ansehnlichen Menge Geldes nach Neapel reist, um in der grossen Metropole auf dem Markt gute Pferde zu kaufen, dort aber von einer listenreichen Frau betrogen und ausgeraubt wird. Auch heute noch kommen Händler und Käufer mitunter von sehr weit her, und selbst wenn sie nicht grosse Gefahr laufen, Andreuccios trauriges Schicksal zu erleiden, so müssen sie doch wie der unglückliche Pferdehändler den ganzen Tag oder sogar mehrere Tage am Ort des Marktes verbringen. So ist, lange bevor Hamburgers, Hot Dogs und Fried Chicken überhaupt erfunden wurden, das Bedürfnis nach Einrichtungen entstanden, die auf dem Markt selbst eine schnelle und nicht sehr teure Verpflegung ermöglichen. Fastfood ist also keine Errungenschaft unserer Zeit, und McDonald's und Burgerland haben nur dort ein leichtes Feld vorgefunden, wo keine traditionsreiche Imbisskultur bestand.

Auf den Märkten Italiens gibt es vielerorts Stände und Imbissstuben, die einen appetitanregenden Duft verbreiten, obwohl die angebotenen Speisen auf manchen Mittel- und Nordeuropäer etwas zu fett wirken mögen. Die Buden sind nicht nur zu den eigentlichen Essenszeiten, mit denen es die Italiener ohnehin nicht sehr genau zu nehmen pflegen, rege besucht. Man isst, wenn man eben Hunger hat und so viel, wie man gerade mag.

«Panini imbottiti» (Sandwiches), «Salsicce» (Würste) und Pizze gehören schon längst in allen Regionen zum üblichen Angebot. In den Küstenstädten, aber immer häufiger auch im Landesinnern, stehen fritierte Meerfrüchte und Fische auf dem «Tagesmenü». Manchen Urlauber wird es zwar etwas Überwindung kosten, eine Portion Weichtiere oder Gliederfüssler zu versuchen, doch die Erfahrung lehrt, dass es für manchen schon gelohnt hat, sich ein Herz zu fassen und den ersten Schritt zu wagen. Es ist kein seltener Fall, dass aus hartnäckigen Skeptikern schon nach wenigen Bissen leidenschaftliche Liebhaber

Gegenüberliegende Seite:
Die Hühnchenbratküche in Colle Val d'Elsa hat Hochbetrieb, und die Köche haben alle Hände voll zu tun. Sie sehen schon weidlich überarbeitet aus, und bis Feierabend haben sie noch einige Stunden durchzustehen.

Nachfolgende Doppelseite:
«Pollerie», Geflügelmetzgereien wie diese hier in Florenz, gibt es sehr häufig, entweder als eigentlicher Laden in einer festen Einrichtung, als Abteilung im Supermarkt oder als beweglicher Stand auf dem Markt.

und Verehrer der mediterranen Fischküche geworden sind. Wenn dann die bei den Einheimischen so beliebten «Mangiatutto» (streichholzlange Fischchen, die mit Kopf und Schwanz fritiert und ebenso verzehrt werden) immer noch auf Ablehnung stossen, so ist das nur zu verständlich. Doch selbst in diesem Falle sei daran erinnert, dass ein Gläschen guten Weines helfen kann, Vorurteile und Abwehrmechanismen abzubauen, so dass auch diese letzte kulinarische Hürde genommen werden kann, was ganz bestimmt niemand bereuen wird.

In fast ganz Italien, vornehmlich aber in Kampanien, erfreut sich auch die «Frittura mista» oder «Frittura italiana» grosser Beliebtheit (Gemüsestückchen, zum Beispiel Zucchini, Artischocken, Auberginen, Kürbis usw. in einem leichten Teig gebacken). Aber in Süditalien ist die Königin der Imbissbuden die «Focaccia» (eine Art dicke Pizza mit Tomaten, Zucchini, Zwiebeln und Oliven; von Region zu Region etwas variiert). Den Urlauber wird vielleicht seltsam anmuten, dass in Neapel, in Apulien und in Sizilien auf vielen Verkaufsständen die Pizze und Focacce mit dem Zollstab gemessen und nach Zentimeterpreis verkauft werden. Doch auch diese durchaus effiziente Messmethode gehört zu den unzähligen Eigenarten eines Volkes, die auf der einen Seite entdeckenswert sind, und auf der andern Seite da und dort schon von der elektronischen Waage ins Reich der nostalgischen Erinnerungen verbannt worden sind.

Die sizilianischen «Arancine» (panierte Reiskugeln mit Mozzarella, Schinken, Erbsen oder Hackfleisch gefüllt) schmecken nicht so exotisch, wie sie aussehen, und dürften selbst einem biederen Gaumen wohlbekommen, der gastronomischen Neuigkeiten und Entdeckungen ganz abgeneigt ist. Und wer schliesslich auf Sardinien eine «Porcedda» (Spanferkel auf Olivenholzkohle gegart) versuchen darf, der hat Glück, denn die sardische Spezialität wird nunmehr fast ausschliesslich auf grossen Volksfesten zubereitet. Die Gelegenheit sollte man sich nicht entgehen lassen!

An jedem Obststand kann man sich dann zum Nachtisch, je nach Jahreszeit, ein paar Feigen, Pfirsiche, Birnen, Aprikosen oder Trauben waschen lassen. An heissen Tagen ist ein schönes Stück einer erfrischenden, tiefroten Wassermelone (anguria) genau das Richtige. Und frischgepresste Orangen, die das Durstlöschen zum Sinnesrausch machen, bekommt man fast überall und fast zu jeder Jahreszeit.

Nun, wer sich dann noch immer nach einem kosmopolitischen Cheeseburger mit Ketchup in der Styroporpackung und nach einer Cola sehnt, der sei beruhigt. Auch das gibt es irgendwo auf dem Platz oder höchstens ein paar Strassen weiter. Und es ist nur eine Frage der Zeit, bis auch die unverbesserlichsten Italiener, die auf dem Mercato herumgehen, merken werden, dass man in jenen stereotypen, modernen Lokalen zwar nicht besser isst, dafür aber entschieden internationaler!

Käse und Wurstwaren werden unter dem
Sammelbegriff «Salumi» zusammengefasst. Diese
«Salumeria» in Rom hat ein reiches Angebot an
erstklassiger Ware, was man auch dem zufriedenen
Lächeln des Kunden entnehmen kann.

Das Rätsel
des Kleingeldes

Geld ist ganz sicher seit den Phönikern, wahrscheinlich aber schon seit viel früher das Blut des Handels und der Wirtschaft. Dies gilt selbstverständlich auch auf italienischen Märkten des Südens und des Nordens, wo die Einnahmen der Händler in elektronische oder mechanische Kassen, in zerbeulte Blechdosen oder ganz einfach in die Hosentaschen wandern. Mit Ausnahme des letzteren Falles vielleicht, ist alles genau wie anderswo. Und ebenso wie in anderen Ländern warten in den Kassen, in den Dosen oder in den Taschen der Verkäufer Noten und Münzen darauf, den Kunden, die mit grösseren Geldscheinen bezahlen, als Restgeld herausgegeben zu werden. Gerade darin liegt ja die erdrückende Überlegenheit des Geldhandels gegenüber dem direkten Tauschhandel, dass der Kunde sich nur überlegen muss, ob er an der Ware interessiert ist und ob er dafür den Preis zu zahlen bereit ist. Dieser unbestreitbare Vorteil wird aber arg bedroht oder schwindet sogar ganz dahin, wenn das Kleingeld in einem Land, aus welchen Gründen auch immer, rar wird. Dann nämlich muss der Kunde nicht bloss mit Preis und Angebot einverstanden sein, er muss auch den genauen Geldbetrag in der Tasche haben, was selten genug der Fall ist, und folglich das Einkaufen zum Ärgernis machen kann.

Rätselhafte Wirtschaftsmechanismen, die man oft genug in verschiedener und in widersprüchlicher Art zu erklären versucht hat, haben im vergangenen Jahrzehnt in Italien die groteske Situation geschaffen, in der man sich als kleiner König fühlen musste, wenn man nur etwas Kleingeld in der Tasche hatte, denn mit grösseren Geldscheinen konnte man fast nichts mehr kaufen; ausser man wäre bereit gewesen, auf das Restgeld zu verzichten. Das Kleingeld war verschwunden. Hin und wieder war das Gerücht zu hören, die Münzen würden von obskuren Gestalten aus dem Verkehr gezogen und kistenweise nach Japan verfrachtet, wo sie als Rohmaterial für die Herstellung von Uhrenböden verwendet würden. Andere vermuteten eher, dass der Münzenstrom irgendwo im Lande selbst versiegte, und dass die Mafia einmal mehr die Hände im Spiel hätte. Eine wirklich überzeugende Erklärung vermochte niemand abzugeben, denn wahrscheinlich waren dieselben Leute, die Licht in die Affäre hätten bringen können, auch gleichzeitig daran interessiert, die Sache zu ver-

Gegenüberliegende Seite:
Die ganze Strasse lang, Stand an Stand nichts als Früchte und Gemüse. Anscheinend ist hier in Monterotondo der Bedarf gross, obwohl zu dieser Jahreszeit – im März – fast ausschliesslich Einheimische einkaufen.

Nachfolgende Seite:
Auch ein italienisches Kilo hat tausend Gramm, nur sollte man korrekterweise «chilo» schreiben. Doch der Besitzer eines so schönen Standes wie dieser in Venedig wird sich wohl über die Regeln der Rechtschreibung hinwegsetzen dürfen!

dunkeln. Wie dem auch sei: Gewöhnliche Münzen hatten mit einemmal Seltenheitswert bekommen. Touristen, die an einem Stand nur gerade ein Hemd kaufen wollten, bekamen statt des Restgeldes eine Krawatte, ein Paar Socken und ein Taschentuch dazu. Beim Gemüsestand waren es drei Zucchini und zwei Tomaten, beim Käsehändler eine Mozzarella und beim Fischverkäufer eine Handvoll Muscheln, mit denen die Geschäftsleute ihre Schuld beglichen.

Man könnte an einen üblen Trick denken, der von Gaunern und Halunken ersonnen worden war, um den hilflosen Urlaubern einige tausend Lire mehr abzuknöpfen, und man würde diesen Verdacht nicht ganz zu Unrecht hegen, denn diese verwerfliche Methode hat mit Sicherheit da und dort auch wirklich Anwendung gefunden. Doch den Einheimischen ging es damals in dieser Hinsicht nicht wesentlich besser. Wenn immer es möglich war, liess man anschreiben und bezahlte nach ein oder zwei Wochen, wenn eine grössere Summe zusammengekommen war. Aber für kleinere Ausgaben fanden auch die Italiener selbst keinen Ausweg aus der Misere. Davon profitiert haben neben den Geschäften auch die Komiker und Kabarettisten jener Zeit, die den Stoff für Szenen und Sketches bis zum allgemeinen Überdruss strapaziert haben.

In der zweiten Hälfte der siebziger Jahre geschah dann etwas Merkwürdiges. Kleine Banken fingen an, Hundert-Lire-Noten zu drucken, was natürlich durch und durch illegal war. Die Kleingeldnoten der Kleinbanken waren aber verständlicherweise sehr beliebt und zirkulierten trotz ihrer illegalen Natur so, wie das offizielle Kleingeld zirkuliert hätte, wenn es vorhanden gewesen wäre. Eine Bank nach der anderen folgte nun dem Beispiel der Pioniere. Hundert-Lire-Noten in allen erdenklichen Farben waren nunmehr im Geldbeutel eines jeden Italieners und eines jeden Italienreisenden zu finden. Kurze Zeit später hatten die Finanzpolitiker die Nase voll. Sie setzten sich zusammen, berieten und kamen überein, den verbotenen Handel mit den verbotenen Scheinen zu verbieten. Und nach wenigen Wochen verboten sie ihn wieder, und wieder und wieder, und beschlossen, ihn so lange zu verbieten, bis man sich auch wirklich an das Verbot halten würde.

Die Folge war, dass nun nicht bloss die Banken, sondern auch die Weinhändler, die Strassenbauunternehmen, die Nonnenklöster und die Rasenmäherhersteller ihre eigenen «Banknoten» druckten. 150- und 200-Lire-Noten kamen hinzu, und immer bunter und interessanter wurde die Palette auch für Sammler, obwohl allen klar war, dass die falschen Noten keinen Sammlerwert hatten.

Ausländische Wirtschaftsexperten und italienische Zeitungen prophezeiten mit plausiblen Argumenten den totalen Zusammenbruch der italienischen Wirtschaft. Apokalyptische Visionen, die keineswegs phantasmagorisch waren, bereiteten uns darauf vor, den südlichen Nachbarn nach dem katastrophalen Kollaps in Schutt und Asche liegen zu sehen.

Aber nichts von all dem geschah. Allen vernünftigen Vorhersagen zum Trotz blieb die Apokalypse aus. Auf genauso rätselhafte, mysteriöse Weise, wie Jahre zuvor das echte Kleingeld verschwunden war, verschwand nun auch das falsche. Neue offizielle Münzen wurden geprägt, in Umlauf gebracht, und die Nationalbank gewann ihr Privileg zurück, das ihr allein gebührt.

Heute kennt man das Problem in Italien kaum mehr oder wenigstens nicht mehr in jenem besorgniserregenden Ausmass, und man kann wieder getrost einkaufen, ohne sich vor dem Moment fürchten zu müssen, in welchem man einen 50 000-Lire-Schein aus der Brieftasche ziehen muss. Freilich kommt es hin und wieder vor, dass bezahlende Kunden statt des Kleingeldes «Gettoni» (Einwurfmünzen für Telefonautomaten) bekommen. Aber das ist auch gar nicht so schlimm, denn «Gettoni» werden in der Regel auch als Zahlungsmittel akzeptiert. Und wer trotzdem am Ende des Urlaubs noch einen Beutel voll davon übrig hat, kann zum Trost doch wenigstens ein ausgedehntes Telefonat nach Hamburg, Zürich oder nach Wien führen... falls das Gerät in der Telefonzelle funktioniert.

Nachfolgende Doppelseite:
Die brüchigen Fassaden der Innenstadt von Neapel
würden nicht darauf hindeuten, dass sich dahinter
Läden verbergen, wenn nicht all die Gemüse, Früchte
und anderen Produkte in ihrer Fülle auf die Gasse
herausquellen würden.

Von Bücherständen und Büchermärkten

Wen wundert, wenn im Land der Gegensätze, wie wir das Italien der Mercati und der Mercatini wiederholt genannt haben, neben einer erschreckend hohen Analphabetenzahl auch eine unglaublich lebendige und starke Liebe zu Büchern existiert! Eine passionierte Bibliophilie, die schon fast die Bezeichnung «Bibliomanie» verdient! Ja, man kann sich des Eindrucks nicht erwehren, dass die italienische Bevölkerung auf der einen Seite aus notorischen Nichtlesern und auf der andern Seite aus unheilbar vom Lesefieber Befallenen bestehen muss. Die vielen Fehler, die man auf von Hand beschrifteten Tafeln und Plakaten, gelegentlich auch auf Speisekarten sieht, und die oft lieblose und unsorgfältige Art, mit der nicht wenige Italiener mit ihrer wundervollen Sprache umgehen, lassen den Schluss nicht zu, dass es um die durchschnittliche Bildung der Nation wesentlich besser bestellt sei als anderswo, und doch fällt die ungewöhnlich hohe Dichte der Bücherstände jedem Besucher auf. In kaum einer italienischen Stadt wird man lange nach einem Buchverkäufer suchen müssen. An Promenaden, in Parkanlagen, in Unterführungen, in der Nähe von Sehenswürdigkeiten, in stillen Gässchen und auf belebten Plätzen kann sowohl der belletristische Vielfrass, der Bücherwurm, als auch der Buchsammler, der Ästhet etwas für seinen Geschmack und für sein Bedürfnis finden. Hier ein besonders schönes, dort ein besonders interessantes Buch, und meistens sind sie obendrein noch besonders preiswert. In Florenz gibt es in der Nähe der Hauptpost sogar einen richtigen Büchermarkt, wo tonnenweise alte, verstaubte Schmöker und druckfrische Publikationen in verschweissten Plastikhüllen darauf warten, vom gierigen, nimmersatten Bücherwurm in die Hand genommen, bestaunt und vielleicht gekauft zu werden. Und in Neapel ist es eine ganze Strasse, San Biagio dei Librai, die der Leselust allein, den grossen und kleinen Bücherständen vorbehalten ist, zwischen denen man nicht einmal Platz findet, um ein Fahrrad abzustellen. Bücher soweit das Auge reicht – das lässt das bibliophile Herz höher schlagen!

Selbstverständlich bleiben die ambulanten Buchhandlungen auch in der Auswahl und in der Anordnung der literarischen Gattungen fast immer dem Grundsatz der Koexistenz des Gegensätzlichen treu. So kann man zwischen Augustins «Bekenntnissen»

Der Weg zur Universität führt am Büchermarkt vorbei. Der genuesische Student klemmt sein Köfferchen zwischen die Beine. Vielleicht findet er ein preiswertes Repetitorium für die nächsten Prüfungen, vielleicht sogar einen spannenden Highsmith für langweilige Vorlesungen.

und Petrarcas «Canzoniere» leicht auf ein paar niveaulose Porno-Comics stossen und wird vielleicht neben malträtierten Wegwerfkrimis und abgegriffenen Liebesromanen eine in Leder gebundene Ausgabe der «Divina Commedia» mit Illustrationen von Gustave Doré finden. Schulbücher, Kochbücher, Traktate über Psychohygiene, Bastelanleitungen, Gedichtbände, «Die besten Witze aus der Kaserne» und Monteverdis Madrigale – alles kunterbunt durcheinander!

Es braucht Zeit und Geduld, um etwas Brauchbares zu finden, und wer etwas ganz Bestimmtes sucht, darf nicht enttäuscht sein, wenn er erfolglos bleibt.

Doch das Wühlen und Blättern, das Plaudern mit dem Händler und mit andern Kunden kann sehr viel Spass machen, ja hin und wieder sogar zu wertvollen Entdeckungen führen. Schliesslich hat schon mancher Studiosus einen ansehnlichen Teil seiner Bibliothek auf solchen «Bancarelle» erstanden; vielleicht weil die Sammlerleidenschaft schon in den Studentenjahren begonnen hat, als das Budget es noch nicht zuliess, alles in der Buchhandlung anzuschaffen, vielleicht aber auch, weil man unabhängig vom finanziellen Vorteil, den man auf solchen Büchermärkten haben kann, eine Atmosphäre erlebt, die das Lesefieber fördert, ja geradezu potenziert.

Vom Zentrum zur Peripherie

Schon während des Altertums, wie wir bereits ausgeführt haben, ganz besonders aber während des Mittelalters entstanden Dörfer und Städte entlang der Handelswege, an der Küste, wo natürliche Buchten das Errichten von Hafenanlagen begünstigten, in der Nähe der Talausgänge, wo die Wege zu wichtigen Pässen sich gabelten, bei wichtigen Brücken und an Orten, wo grosse militärische Einheiten stationiert waren. Es war das Privileg der kirchlichen und weltlichen Fürsten, das Marktrecht zu erteilen und somit Stadtgründungen da zu fördern, dort zu unterdrücken, ganz wie es ihren politischen und strategischen Absichten förderlich war. Viele mittelalterliche Städte sind also im wirtschaftlichen und im topographischen Sinn des Ausdruckes um Marktplätze herum gewachsen. Jahrhundertelang sind dunkle, enge Gässchen, Häuserreihen und weitere Stadtmauern wie Zwiebelschalen um einen in den meisten Fällen heute noch erkennbaren Kern herum gebaut worden.

Freilich haben sich in grösseren Städten schon sehr früh mehrere Marktzentren gebildet, zum Teil um Stadtteile zu versorgen, die nunmehr vom ursprünglichen Stadtkern zu weit entfernt waren, zum Teil weil der alte Marktplatz zu klein geworden war, zum Teil weil inzwischen andere Produkte angeboten wurden oder ganz einfach weil sich die Gewohnheiten und die Lebensbedingungen von Kunden und Verkäufern verändert hatten. Es kam auch vor, dass getrennt und unabhängig voneinander entstandene Dörfer und Siedlungen wuchsen, bis sie zu einer einzigen Stadt mit verschiedenen Kernen verschmolzen.

Die zentrale Lage des Marktes hatte auch während der Renaissance einen grossen Vorteil; so sind denn auch die ersten Banken auf den Marktplätzen der toskanischen Städte entstanden, wo geschäftstüchtige Familien eine Institution ins Leben gerufen haben, von der nicht einmal sie selbst ahnen konnten, welche Entwicklung ihr bevorstand und welche immense Bedeutung sie eines Tages auf der ganzen Welt haben würde. In den heutigen Banken aus Marmor und Panzerglas, in den klimatisierten Hallen mit vornehmen Ledersesseln, Computermonitoren und gepflegten Philodendren erinnert kaum mehr etwas an ihre mittelitalienischen Vorfahren während des «Rinascimento», welche die Medici zu einer der mächtigsten Familien der aufblühenden Neuzeit machten. Nur die Sprache verrät die Wurzeln noch: Das Wort «Bank» kommt aus dem italieni-

Selbst so einfache Aquarien mit Goldfischchen,
Muschelschalen und Plastikpflanzen, wie sie auf
diesem Stand in Siena angeboten werden, können ein
Kind in Träume versetzen. Die Mutter denkt an den
Preis – das Kind an Captain Nemo.

schen «banca» oder «banco», was ursprünglich die Holzbank, den Ladentisch bezeichnete, auf dem die «banchieri» ihre Bücher aufschlugen, um «debitori» und «creditori» einzutragen. Jeder Kunde hatte dort seine eigene getrennte Rechnung, italienisch «conto». Wurde einem Kunden aus Gefälligkeit oder aufgrund einer Abmachung etwas von seiner Rechnung zu seinen Gunsten abgezogen, so nannte man diese Handlung folgerichtig «sconto», und das Geld lag sicher verschlossen in einer Holzkiste, «cassa», was heute genauso in die internationale Handelssprache übergegangen ist wie «giro», «capitale», «brutto», «netto» und «saldo».

Die zentrale Lage des Marktplatzes war auch für Erfinder, für Wunderheiler, Scharlatane, Zauberer und Wahrsager der beste Ort, um ihre Künste und Produkte einer breiten Öffentlichkeit vorzustellen und zugänglich zu machen. So konnte man beim Einkaufen ein exotisches Tier bestaunen, sich einen faulen Zahn ziehen lassen, ein Liebeselixier erstehen oder sich die Prognosen einer Handleserin anhören.

Das industrielle Zeitalter veränderte dann die urbanen Strukturen und die Bedürfnisse der Marktbesucher. Die Banken hatten sich seit langem schon in steinernen Häusern niedergelassen, wo hinter dickem Mauerwerk die Kassen etwas sicherer waren, Ärzte und Zahnärzte genossen inzwischen ein besseres Ansehen und konnten in Kliniken und Praxen die Patienten empfangen, und die Erfinder wurden fortan Ingenieure genannt und standen nun am Reissbrett oder vor den Schaltern des Patentamtes. Wenig änderte sich für die Gemüse- und Fischverkäufer und für die andern klassischen Marktfahrer. Die Altstadtzentren blieben bis in die siebziger und achtziger Jahre hinein die wichtigsten und beliebtesten Marktplätze.

Doch nach mehr als einem Jahrtausend setzt heute eine neue Entwicklung ein. Die Städte sind zum Teil um Grössenordnungen gewachsen, und der Bedarf an Frischprodukten für private Haushalte und für Gaststätten kann nicht mehr mit Handwagen und kleinen Lieferwagen durch die engen Gassen der Altstadt an den traditionellen Marktort transportiert werden. Fische, Meerfrüchte, Fleisch, Obst, Gemüse und Milchprodukte erreichen die Märkte oft in grossen Kühlwagen, für die es in den historischen Zentren kein Durchkommen gibt. Darüber hinaus haben in jüngster Zeit auch in Italien fortschrittliche Organisationen vielerorts erwirkt, dass grosse Teile der Altstädte zu Fussgängerzonen erklärt werden. So sind viele neue Märkte ausserhalb der Städte entstanden, oft in der Nähe von Sportanlagen, wo für Kunden und Marktfahrer genügend Parkplätze zur Verfügung stehen und wo selbst die grossen Lastwagen die Ware auf verhältnismässig bequeme Weise bis zu den Zwischenhändlern, den Inhabern der Marktstände transportieren können.

Seit einigen Jahren hat darüber hinaus eine Entwicklung eingesetzt, die auf der einen Seite die Mercato-Atmosphäre etwas weniger romantisch erscheinen lässt, anderseits aber zeigt und beweist, dass selbst in unserer funktionalistischen Zeit der Markt

Zu ihrer Zeit hätte man solche Dinge nicht so indiskret
zur Schau gestellt. Doch obwohl sie für diese sittenlose
Zeit nur ein Kopfschütteln übrig hat, wird sie ihre
Stützstrümpfe auch an diesem Stand erstehen.

in Italien lebt und neue Lebensformen erfindet, die sein Fortbestehen neben Kaufhäusern und Supermärkten sichert: Immer häufiger sieht man Marktstände, die aus einem grossen Metallgehäuse bestehen, das sich mit einem Seitendeckel öffnen lässt. Es sind kleine, vollständig eingerichtete Läden, die von der Kasse bis zu den Preisschildchen, von der Waage bis zur Kühltruhe mit allem ausgerüstet sind, was es in einem modernen Geschäft braucht. Wenn dann der Markt vorbei ist, schliessen die Verkäufer den Deckel, der ganze «Container» wird auf einen Lastwagen geladen und in die nächste Stadt gefahren, wo neue Kunden warten.

Auch dies ist ein Stück zeitgenössischer Kultur, auch das ist neben den malerischen «Mercatini» zwischen romanischen Arkaden einer jener Gegensätze, die es auszuhalten gilt. Und solange wir auch auf dem Campo dei Fiori «vor den Augen des Giordano Bruno» noch einkaufen können, werden wir hin und wieder auch die traditionsärmeren Märkte der Peripherie gerne aufsuchen.

Gegenüberliegende Seite:
Drei übertrieben grosse Schilder für Käse einer einzigen Sorte. Aber er ist eben «speciale», und das rechtfertigt den Aufwand. Der Vertrauen einflössende Verkäufer lässt daran keine Zweifel aufkommen.

Nachfolgende Doppelseite:
Der Erfolg eines Geschäftstages hängt wesentlich davon ab, wie gut die vorbereitenden Massnahmen getroffen wurden. Wenn alles so ordentlich bereitsteht wie hier auf diesem venezianischen Markt, kann wohl nichts mehr schiefgehen.

Die biedere Gesetzlosigkeit der «Contrabbandieri»

«Scusi, Signora, wo kann ich den nächsten Contrabbandiere finden?» – «Gleich hier um die Ecke, nächste Gasse rechts.» – «Grazie, buonasera.» – «Prego, buonasera.» Eine ganz normale Unterhaltung, die auf uns erst dann nicht mehr ganz so normal wirkt, wenn wir wissen, dass «Contrabbandiere» Schmuggler heisst.

Rechts um die Ecke, in der Gasse, die uns die freundliche Signora angegeben hat, sehen wir sie dann auch: ältere Frauen, pensionierte Herren, ab und zu auch Kinder, die auf einer Holzkiste oder auf einem wackligen Tisch amerikanische Zigaretten, Streichhölzer, Feuerzeuge und sonstige Monopolware zu konkurrenzlähmenden Preisen feilbieten. Es sind die Ehefrauen, die Eltern, die Schwiegereltern oder die Kinder der Schmuggler. Die «Contrabbandieri» selbst sieht man selten. In Genua und in Neapel, aber auch in andern Hafenstädten gehören die Schmuggler zu den mehr oder weniger etablierten Strukturen des Geschäftslebens, und fast niemand denkt ernsthaft daran, sie wirklich

zu bekämpfen. Freilich haben die Polizei, die «Carabinieri» und die «Finanzieri» den Auftrag, diesem illegalen Handel einen Strich durch die Rechnung zu machen, und wenn sie wirklich wollten, stünde ihnen kaum etwas im Wege, dem Schmuggel ein schnelles Ende zu setzen. Doch selbst die höchsten politischen Stellen sind sich der Tragweite solcher Massnahmen bewusst. Eine Abnahme der illegalen Schmugglertätigkeit hat immer eine Zunahme der Kleinkriminalität, der Einbrüche, der Taschendiebstähle und der Fahrzeugentwendungen nach sich gezogen. So hat die Polizei in den letzten Jahren es vorgezogen, ein Katz-und-Maus-Spielchen zu spielen, das die Beamten vorspiegeln liess, dass sie ihren Auftrag wirklich erfüllten, und das anderseits den «Contrabbandieri» die Möglichkeit gab, unter zumutbaren Bedingungen ihr Brot zu verdienen. Es wird also nun nicht mehr sehr erstaunen, wenn man in Genua vor einem Schmugglerstand einen «Carabiniere» sieht, der nicht die Handschellen aus seiner Rocktasche zieht,

Gegenüberliegende Seite:
Der Anblick solch herrlicher Ingredienzen ermuntert dazu, Rezepte auszutauschen, Anregungen zu geben und entgegenzunehmen und einer Freundin sogar das wertvollste kulinarische Geheimnis preiszugeben.

Nachfolgende Seiten:
Einzelstände wie dieser hier in Sassello nennt man vielerorts «solitari». Solche «Einzelgänger» haben gelegentlich keine amtliche Genehmigung. Da werden sie toleriert, dort vertrieben; manche schaffen es mit der Zeit, ein Gewohnheitsrecht geltend zu machen.

Die Eier in der Dutzendpackung im Warenhaus einzukaufen wäre sicher einfacher und vielleicht auch billiger. Doch diese junge Dame in Venedig scheint das Einkaufen geniessen zu wollen. Ein paar Worte wechseln zu können gehört einfach dazu.

Das mehrheitlich milde Klima wird bestimmt dazu beigetragen haben, dass sich in Italien ein grosser Teil des Geschäftslebens auf der Strasse abspielt. Doch die Venezianer scheinen selbst Regen und Unwetter nicht zu fürchten.

sondern seine Brieftasche, um Zigaretten seiner bevorzugten Marke zu bezahlen.

Die Hauptstadt der italienischen Schmugglerorganisation ist Neapel. Rund tausend eigentliche Schmuggler verfügen dort über eine Flotte von 250 blauen Motorbooten (Motoscafi blu). Darüber hinaus geben sie etwa 50 000 Leuten Arbeit: Mechanikern, Schiffszimmerleuten, Funkern, Personal für Transport und Verkauf.

Meistens in der Nacht, zwischen zwei und vier Uhr, geht das Schiff (genannt «la mamma») dreissig Meilen vor der Küste entfernt vor Anker. Eine kleinere Gruppe von Motorbooten startet und wird von den Booten der Polizei verfolgt. Die ersten Boote, die auslaufen, nennen sich «Esca» (Köder). Sie haben die Aufgabe, die Polizei irrezuführen, die ihrerseits in der Regel weiss, dass sie irregeführt wird. Etwas später rückt die eigentliche Flotte aus, um die Fracht der «Mamma» auf See zu löschen. Im Morgengrauen sind die «Contrabbandieri» zurück und liefern die Ware dem Bodenpersonal ab. Nur sehr selten kommt es zu Zwischenfällen. Ab und an wird ein blaues Boot von einem Polizeiboot gerammt, in äusserst seltenen Fällen wird auf die Motoren geschossen – aber nur von der Polizei, die Schmuggler sind immer und grundsätzlich unbewaffnet! Meistens leben «Contrabbandieri» und Küstenwache friedlich nebeneinander und bringen füreinander sogar Verständnis auf. Vor einigen Jahren demonstrierten die Schmuggler in Neapel, weil sie der Ansicht waren, dass die Ordnungskräfte mit dem Einsatz der Feuerwaffen und mit ihren Verfolgungsjagden dergestalt übertrieben, dass es ihnen nicht mehr möglich war, auf vernünftige und zumutbare Weise zu «arbeiten». Zwischen dem Staat und dem Schmuggelwesen (Collettivo autonomo contrabbandieri) sei ein richtiger Krieg ausgebrochen, meinten die Demonstranten, und daran könne niemand wirklich Interesse haben. Vielleicht hatten die staatlichen Institutionen für die Klagen und Anliegen der Schmuggler ein offenes Ohr. Jedenfalls sollen schon Fussballspiele zwischen «Contrabbandieri» und «Finanzieri» organisiert worden sein, was in «Maradonapoli» als die einzige zivilisierte Weise gilt, einen solchen Konflikt auszutragen. Der neapolitanische Philosoph Luciano De Crescenzo hat sich darüber auch Gedanken gemacht: «Wollte der italienische Staat in Neapel 50 000 Arbeitsplätze schaffen, müsste er ein Vielfaches von dem aufwenden, was ihm durch den Schmuggel verlorengeht.»

Die «Bancarelle» der Schmuggler sind ein Teil des Lebens in den italienischen Hafenstädten. Sie sind Ausdruck einer Selbsthilfe, die dem Erfindungsreichtum der Bevölkerung und der Unfähigkeit der staatlichen Organisationen entspringt. Sie beschäftigen ehrliche Bürger, die eine «geregelte Gesetzlosigkeit» einer sicheren Arbeitslosigkeit vorziehen.

Gegenüberliegende Seite:
Auch am Rande des Marktes herrscht im toskanischen Colle Val d'Elsa ein reges Treiben. Es sind vorwiegend Männer; vielleicht die Ehemänner der Hausfrauen, die unterdessen die Einkäufe besorgen.

Nachfolgende Seiten:
Der Bürgermeister von Montepulciano lädt ein, im historischen Zentrum auf die Benützung von privaten Motorfahrzeugen zu verzichten.
Die Werbung lädt ein, mit «madras» durch die Welt zu gehen. Für einmal ziehen beide am selben Strick.

Dieser Schuhhändler in Colle Val d'Elsa scheint sich zu fragen, warum er trotz seines guten Angebotes so lange auf Kundschaft warten muss. Es ist eben nichts Leichtes, die Launen der modebewussten Kundinnen zu ergründen.

Kleine Sprachschule
für Marktbesucher

Eine Barriere, allerdings keine unüberwindbare, kann auf dem Mercato die Sprache darstellen. Das laute, schnelle, von Gestik und theatralischen Gebärden begleitete Sprechen vieler Händler und Marktschreier, das mitunter aggressiv wirkende Disputieren, das selbstsichere Feilschen, das unverfrorene Kritisieren der Ware von seiten der Kunden, das pausenlose beredte Konversieren, das man von allen Seiten und in allen Winkeln des Marktplatzes vernimmt, werden kaum dazu beitragen, den Urlaubsreisenden die sprachlichen Hemmungen überwinden und schliesslich ganz ablegen zu lassen. Viele Urlauber versuchen also einen gewissen Sicherheitsabstand zum Marktstand einzuhalten, um von den Händlern nicht angesprochen zu werden, und wenn sie trotz des Abstandes doch angesprochen werden, fahren sie zusammen, zucken verlegen die Schultern und wenden sich ab.

Es ist verständlich, dass man sich nicht ohne weiteres auf einen Handel einlassen möchte, in dem man sich von vornherein unterlegen fühlt. Doch auch dieser Angst kann man Abhilfe schaffen.

Ausser auf ausgesprochen touristischen Märkten, wo man sich auf bestimmte Urlauber und auf bestimmte Sprachen eingestellt hat, wird man nur an wenigen Orten den bequemeren Weg gehen können, das Gespräch auf Englisch oder sogar auf Deutsch zu führen. Für das Erlernen von Fremdsprachen fehlen den meisten italienischen Marktfahrern die Zeit, die finanziellen Möglichkeiten und wohl auch die Lust.

Die jungen Leute lernen heute zwar auch in Italien Fremdsprachen, aber in dieser Hinsicht hat das italienische Bildungssystem noch viel aufzuholen, um Verhältnisse zu schaffen, wie man sie nördlich der Alpen, ganz besonders in der Schweiz, kennt.

Diese prinzipielle Kommunikationsschwierigkeit ist jedoch in Italien nichts Neues. Schon seit dem Altertum und vornehmlich während des Mittelalters sind Händler aller erdenklichen Sprachen und Rassen in den Häfen Italiens vor Anker gegangen, haben ihre Ware angeboten und einheimische Produkte gekauft. Die Italiener sind es sich gewohnt und scheinen sehr grossen Spass dabei zu haben, mit Händen und Füssen, mit Gestik und Mimik auch dann zu konversieren, wenn andere verzweifelt nach einem Dolmetscher Ausschau halten würden. Das kostet Mitteleuropäer vielleicht etwas Überwindung, aber

An heissen, windstillen Tagen ist es für hitzeempfindliche, insbesondere für ältere Leute in einer Grossstadt wie Genua kaum auszuhalten. Ein Einkaufsbummel durch die kühlen Markthallen kann eine willkommene Erholung sein.

die Technik der Zeichensprache, die eigentlich keiner Anleitung bedarf, ist leicht zu erlernen, und der Erfolg wird sich garantiert einstellen.

Sehr wertvoll können auch Notizblock und Schreibzeug sein. Mit besagtem Instrumentarium lässt sich grundsätzlich auf zwei verschiedene Weisen verfahren. Wenn man ein bestimmtes Produkt kaufen und sich nach dem Preis erkundigen möchte, schreibt man einen Preis auf, den man zu bezahlen bereit wäre, und versieht die Summe mit einem Fragezeichen. Dann lenkt man die Aufmerksamkeit des Verkäufers auf sich, zeigt mit dem Zeigefinger auf das begehrte Produkt und streckt den vorpräparierten Zettel hin. In den meisten Fällen wird der Händler den Kopf schütteln, mit einer Handbewegung um das Schreibzeug bitten und dann ungefähr den doppelten Betrag aufschreiben. Jetzt könnte der Tourist es dem Verkäufer gleichtun und ihm um ein paar Tausend Lire entgegenkommen... Künstlerisch begabtere Reisende pflegen ganze Bildrätsel zu zeichnen und entwickeln in kurzer Zeit beachtliche Fähigkeiten, die selten erfolglos bleiben.

Freilich wird es von Vorteil sein, wenn man sich trotzdem vor der Reise einen gewissen Minimalwortschatz aneignet. Die Zahlen (man denke daran, dass in Italien auch Hunderttausender etwas Alltägliches sind) kann sich ein durchschnittliches Gedächtnis an einem einzigen regnerischen Sonntag zuverlässig einprägen, und selbst Unbegabte erreichen dasselbe Resultat, wenn sie dafür zwei, allerhöchstens drei Tage aufwenden. Die wichtigsten Wörter hat man in wenigen Stunden sicher im Griff, und wenn man am Strand täglich die eine oder die andere Viertelstunde für das Repetieren einsetzt, wird man es bald wagen können, auch ohne Gedächtnisstützen zum Einkaufen zu fahren. Zu empfehlen sind ferner Sprachführer, die nach Situationen gegliedert sind und die üblicherweise dem Einkaufen viel Platz einräumen, und kleine Wörterbücher. Wer über keine oder nur zu geringe Vorkenntnisse verfügt, kann mit einem Lehrbuch der italienischen Sprache oder mit einer Grammatik in der Regel gar nichts anfangen. Und schliesslich muss nachdrücklich vor Lehrmitteln gewarnt werden, die versprechen, in sehr kurzer Zeit die Sprache jedermann beizubringen. Keine Methode kann und darf solche Illusionen wecken. Weder mit Schallplatten, die man sich im Schlaf anhört, noch mit gefälligen Büchlein kann denjenigen, die sich eines Tages auf italienisch unterhalten möchten, monate-, meistens sogar jahrelange Paukerei abgenommen werden.

Gegenüberliegende Seite:
Noch ist der grosse Ansturm nicht da.
In zwei Stunden wird auf diesem Markt in Frascati vor jedem Stand hektisches Gedränge herrschen.
Wer in Ruhe das Allerbeste auswählen will,
muss früh aufstehen.

Nachfolgende Doppelseite:
Ein Spaziergang durch die grosse Markthalle in San Remo, in der täglich ein Gedränge wie auf einem Volksfest herrscht, kann, wenn man sich alle Stände genau ansehen will, ein vormittagfüllendes Programm sein.

«Notturno con Crescendo»

Besonders Studenten und Schülern, die über verhältnismässig wenig Geld verfügen und daher manchmal von günstigen Reiseangeboten Gebrauch machen müssen, die ihnen das Reisen nur in bestimmten Zügen erlauben, aber auch andern Urlaubern kann es – aus welchen Gründen auch immer – widerfahren, dass sie mitten in der Nacht in einer Stadt ankommen. Die Campingplätze sind geschlossen, und ein Zimmer wird man nur bekommen, wenn man Lust und die Möglichkeit hat, viel Geld für ein Luxushotel auszugeben. Der Reisende, dessen finanzielle Mittel solche Budgetbelastungen nicht zulassen, wird wohl oder übel den Morgen abwarten müssen, um eine Pension oder einen Campingplatz zu suchen, wo er vorerst wenigstens sein Gepäck ablegen kann. Ein Zimmer zu beziehen und eine Dusche zu nehmen, dürfte ihm nicht vor Mittag, in seltenen Fällen allerfrühestens um zehn Uhr gelingen. Die Nacht wird dann unerträglich lang und oft kühler, als man erwartet hatte, vor allem, wenn man vor Müdigkeit kaum mehr stehen und an nichts anderes mehr denken kann als an ein weiches Bett. In den Städten Mittelitaliens wird man vergeblich nach einer offenen Bar suchen.

Auch am Bahnhof wird man erfolglos sein, so dass einem keine andere Wahl bleibt, als herumzuspazieren, auf einem Bänklein zu warten, einzunicken, wieder aufzuwachen, aufzustehen, weiterzugehen, mit andern Trampern, denen man da und dort begegnet, ein leidvolles solidarisches Lächeln auszutauschen und zu warten, warten, warten.

In einer solchen Nacht sollte man sich vor die Markthallen (zum Beispiel in Florenz) oder auf den Marktplatz begeben, sich auf eine Treppe oder auf ein Mäuerchen setzen und der schier unglaublichen Stille lauschen, welche die sonst so lärmige Stadt erfüllt. Irgendwann gegen halb fünf, manchmal noch etwas früher, wird man das Rasseln und Quietschen eines metallischen Fallgitters hören, das irgendwo hochgeschoben wird. Das Geräusch wird sein wie ein Startsignal. Es wird sich in Kürze und in immer geringeren Zeitabständen da und dort wiederholen, bald wird man das Rattern einer nahenden «Ape» (dreirädriger Lieferwagen mit Vespa-Motor) vernehmen, bald werden überall Stimmen zu hören sein, Autos und kleine Lastwagen fahren vor, Handkarren werden herbeigeschoben, Kisten ausgela-

Gegenüberliegende Seite:
Hektik und Gedränge vor einem Obststand in Chianciano. Jede Frucht wird von den Kundinnen und Kunden akribisch geprüft. Da die Qualität den hohen Ansprüchen genügt, sind schon viele Plastiktüten mit Früchten gefüllt.

Nachfolgende Seite:
Hereinspaziert in die Metzgerei!
Wenn man diesen Laden in Sorrent betritt, stehen, oder besser, hängen links und rechts vom Eingang zerlegte Schweine Spalier, was wohl nicht auf alle sehr einladend wirkt.

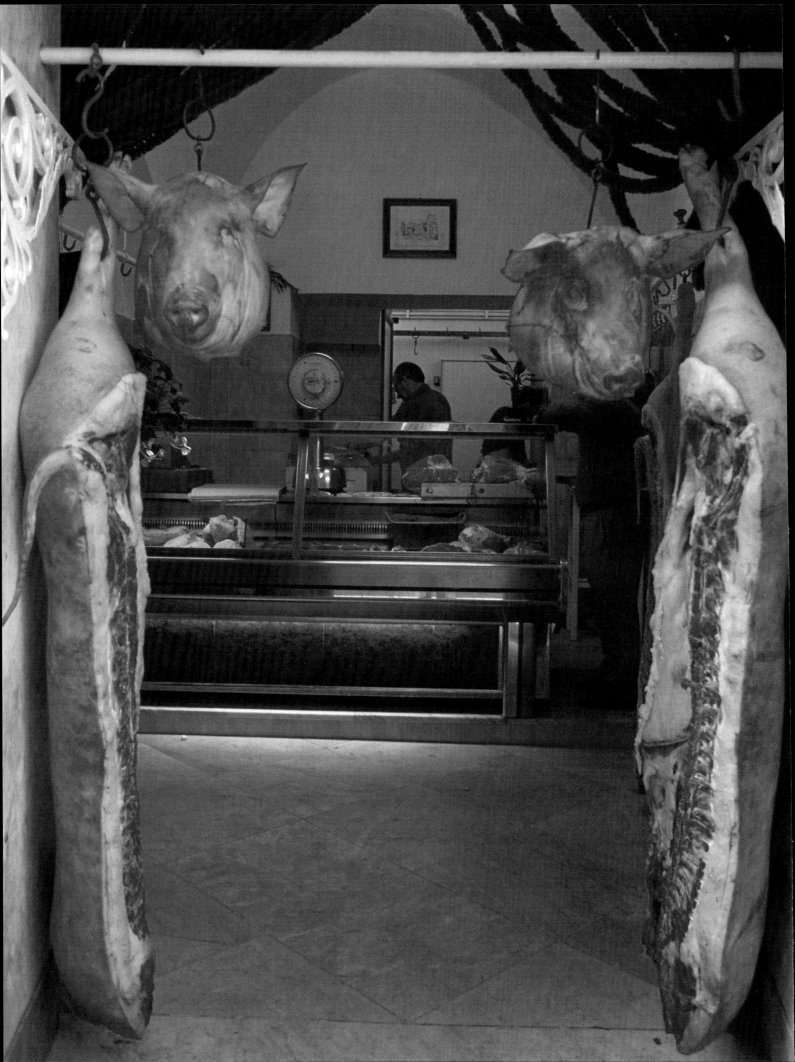

den, Holztische aufgeklappt, an diesem und an jenem Stand hört man das Klopfen eines Hammers, jemand wird herbeigerufen, eine Blechtonne fällt unter lautem Getöse um, zwei Streithähne, kaum haben sie einander überhaupt gesehen, schreien sich schon gegenseitig an, während andere noch zu müde und schlaftrunken sind, um mehr als gerade ein knappes «Buongiorno» zu murmeln. Dutzende von bienenfleissigen Männern und Frauen tragen Körbe, Kisten, Schachteln, Eimer, Fässer und Bottiche in alle Richtungen und lassen für eine halbe Stunde ganz vergessen, dass man in diesem Land nichts so sehr erträumt wie das süsse Nichtstun: «il dolce far niente». Doch wer hinhören will und die Sprache versteht, wird merken, dass für viele Italiener die harte Arbeit kein Grund ist, um auf das Träumen zu verzichten. Auf der Ladebrücke eines Lastwagens planen zwei junge Männer ihr Fest, das sie am Wochenende steigen lassen werden, ein etwas älterer erklärt seinem Kollegen, warum die Fiorentina am Sonntag verloren hat, und man hat keinen Grund daran zu zweifeln, dass diese Tragödie hätte vermieden werden können, wenn doch Trainer Eriksson nur seinen Rat eingeholt hätte. Ein anderer, der so alt gar nicht wirkt, träumt nur von seiner Pensionierung und von den riesigen Forellen, die er dann an-

geln wird, und eine korpulente Signora ist voll des Lobes für die Talente ihres wohlgeratenen Sohnes, mit denen er demnächst die ganze zivilisierte Welt beglücken wird. Für kurze Zeit kehrt wieder etwas Ruhe ein, wenn die Lieferwagen abgezogen sind, und erst wenn die ersten Kunden kommen, erwacht das wirkliche Leben in der Stadt mit Motorenlärm, Autohupen und Polizistenpfeifen, nervenaufreibendem Kinderflennen und erzieherischem Gekreische chronisch überforderter Mütter. In der Zwischenzeit werden auch die Bars offen sein, und für die nächtlichen Reisenden, die Zeugen eines faszinierenden Schauspiels geworden sind, wird es Zeit, irgendwohin einen «Cappuccino» trinken zu gehen, denn einige Stunden werden schon noch verstreichen, bis es ihnen vergönnt sein wird, zwischen die Laken zu kriechen. Vielleicht erblickt einer aber eine Marktfahrerin, die sich mit heissem Kaffee aus einer Thermosflasche für den anbrechenden Tag stärkt. Das könnte eine Gelegenheit sein, eine Tafel Schokolade aus dem Rucksack oder aus der Reisetasche zu nehmen, einen kleinen Tauschhandel vorzuschlagen, ein wenig zu plaudern, eine Viertelstunde hinter dem Ladentisch zu sitzen, und, wer weiss, eine Bekanntschaft zu schliessen, die diesem Buch manches hinzuzufügen wüsste.

Vorangehende Seite:
«Consegna a domicilio», Hauslieferung.
Viele italienische Hausfrauen pflegen telefonisch einzukaufen. Doch diese Signora in Rom zieht es vor, für sich und für ihren Hund die besten Stücke persönlich auszuwählen.

Gegenüberliegende Seite:
Ruhe nach dem Sturm. Am sonst so lärmigen Ort bleibt das skurrile Bild einer verlassenen Zeltstadt zurück. Auf vielen Plätzen wie San Lorenzo in Florenz ist an mehreren Tagen in der Woche Markt. Die Stände und Buden werden in der Zwischenzeit bloss zugedeckt.

Ausgewählte Märkte Italiens

Valle d'Aosta
Aosta	Dienstag
Courmayeur	Mittwoch

Piemonte
Alessandria	Montag, Donnerstag, Samstag
Asti	Mittwoch, Samstag
Cannobio	Samstag
Cuneo	Dienstag
Domodossola	Samstag
Intra	Samstag
Pallanza	Freitag
Stresa	Freitag
Torino (Turin)	täglich
Vercelli	Dienstag, Freitag

Lombardia
Bergamo	Montag, Samstag
Brescia	Mittwoch, Samstag
Chiavenna	Samstag
Como	Dienstag, Donnerstag, Samstag
Crema	Samstag
Cremona	Mittwoch, Samstag
Edolo	Dienstag
Laveno	Dienstag
Luino	Mittwoch
Mantova (Mantua)	Donnerstag
Milano (Mailand)	täglich
Pavia	Mittwoch, Samstag
Ponte Tresa	Samstag
Sabbioneta	Mittwoch
Salò	Samstag
Sirmione	Freitag
Sondrio	Mittwoch, Samstag
Tirano	Donnerstag
Varese	Montag, Donnerstag, Samstag

Liguria
Albenga	Mittwoch
Albisola Marina	Dienstag
Bordighera	Donnerstag
Genova (Genua)	täglich
Laigueglia	Freitag
Lerici	Samstag
Loano	Freitag
Noli	Donnerstag
Oneglia	Mittwoch, Samstag
Porto Maurizio	Montag, Donnerstag
Rapallo	Donnerstag
San Remo	Samstag (Markthalle täglich)
Santa Margherita	Freitag
Sarzana	Donnerstag
Savona	Montag
La Spezia	täglich
Taggia	Samstag

Trentino – Alto Adige
Bolzano (Bozen)	Donnerstag, Samstag
Bressanone (Brixen)	Montag
Merano (Meran)	Freitag
Riva del Garda	Mittwoch
Trento (Trient)	Donnerstag

Veneto
Abano Terme	Mittwoch
Bassano del Grappa	Donnerstag
Belluno	Mittwoch
Castelfranco Veneto	Dienstag
Chioggia	Donnerstag
Cortina d'Ampezzo	Freitag
Feltre	Dienstag
Garda	Freitag
Montagnana	Donnerstag
Padova (Padua)	Dienstag, Mittwoch, Samstag
Pieve di Cadore	Montag
Rovigo	Dienstag
Soave	Dienstag
Treviso	Dienstag, Samstag
Venezia (Venedig)	täglich
Verona	täglich
Vicenza	Donnerstag, Samstag
Vittorio Veneto	Montag
Zevio	Sonntag

Friuli – Venezia Giulia

Cividale del Friuli	Samstag
Grado	Samstag
Palmanova	Montag
Pordenone	Mittwoch, Samstag
Trieste (Triest)	täglich
Udine	Samstag

Emilia – Romagna

Bologna	Freitag
Cesena	Samstag
Ferrara	Montag, Donnerstag
Forlì	Montag, Mittwoch, Freitag
Imola	Dienstag
Modena	Montag
Parma	Mittwoch, Samstag
Piacenza	Mittwoch, Samstag
Ravenna	Mittwoch, Samstag
Reggio nell'Emilia	Dienstag, Donnerstag, Freitag
Rimini	Samstag

San Marino

Borgo Maggiore	Donnerstag

Toscana

Arezzo	Samstag
Carrara	Montag
Chianciano Terme	Mittwoch
Colle Val d'Elsa	Freitag
Cortona	Samstag
Empoli	Donnerstag
Firenze (Florenz)	täglich
Forte dei Marmi	Mittwoch
Greve	Samstag
Grosseto	Donnerstag
Livorno	Freitag
Lucca	Mittwoch, Samstag
Massa	Dienstag
Massa Marittima	Mittwoch
Montalcino	Freitag
Montecatini Terme	Donnerstag
Montepulciano	Donnerstag
Pisa	Mittwoch, Samstag
Pistoia	Mittwoch, Samstag
Poppi	Samstag
Prato	Montag
San Gimignano	Donnerstag
San Miniato	Dienstag
San Quirico d'Orcia	Dienstag
Sansepolcro	Samstag

Siena	Mittwoch
Sinalunga	Dienstag
Viareggio	Donnerstag
Volterra	Samstag

Elba

Capoliveri	Donnerstag
Marciana Marina	Sonntag
Marina di Campo	Mittwoch
Porto Azzurro	Samstag
Portoferraio	Freitag
Procchio	Donnerstag

Lazio

Anagni	Mittwoch
Anzio	Mittwoch
Arsoli	Freitag
Castel Madama	Dienstag
Civitavecchia	Mittwoch
Ferentino	Samstag
Frascati	Mittwoch
Gaeta	Mittwoch
Genzano di Roma	Dienstag
Latina	Dienstag
Marino	Mittwoch
Monterotondo	Freitag
Nepi	Donnerstag
Rieti	Mittwoch, Samstag
Roma (Rom)	täglich
Tarquinia	Mittwoch
Terracina	Donnerstag
Tivoli	Mittwoch
Tuscania	Freitag
Viterbo	Samstag

Umbria

Assisi	Samstag
Città di Castello	Donnerstag
Foligno	Samstag
Gubbio	Dienstag
Montefalco	Montag
Orvieto	Donnerstag
Perugia	Dienstag
Spello	Mittwoch
Spoleto	Freitag
Terni	Mittwoch
Todi	Samstag

Marche

Ancona	Dienstag, Freitag
Ascoli Piceno	Mittwoch, Samstag
Fano	Samstag

Fermo	Samstag	Salerno	täglich
Iesi	Mittwoch	Sorrento (Sorrent)	Dienstag
Loreto	Freitag		
Macerata	Mittwoch	**Ischia**	
Pesaro	Dienstag	Forio	Montag
San Benedetto		Ischia	Mittwoch
del Tronto	Dienstag		
Urbino	Samstag	**Calabria**	
		Catanzaro	Mittwoch, Samstag
Abruzzo		Cosenza	Freitag, Samstag
L'Aquila	täglich	Crotone	Montag
Chieti	Dienstag, Samstag	Reggio di Calabria	Mittwoch, Samstag
Penne	Samstag	Tropea	Samstag
Pescara	Montag		
Scanno	Dienstag	**Sicilia**	
Sulmona	Samstag	Agrigento	Freitag
Teramo	Mittwoch, Samstag	Caltanissetta	Samstag
		Castelvetrano	Dienstag
		Catania	täglich
Puglia		Cefalù	Samstag
Alberobello	Donnerstag	Enna	Mittwoch
Bari	täglich	Gela	Dienstag
Barletta	Samstag	Marsala	Dienstag
Brindisi	Donnerstag	Messina	täglich
Foggia	Freitag	Palermo	täglich
Lecce	Montag, Freitag	Piazza Armerina	Donnerstag
Monopoli	Dienstag	Ragusa	Donnerstag
Monte Sant'Angelo	Samstag	Siracusa	Mittwoch
Taranto (Tarent)	Samstag	Taormina	Mittwoch
Trani	Dienstag	Trapani	Montag Nachm.,
			Donnerstag Vorm.
Basilicata			
Matera	Samstag	**Sardegna**	
Potenza	Freitag	Alghero	Mittwoch
		Arzachena	Mittwoch
Campania		Cagliari	täglich
Amalfi	Mittwoch	Golfo Aranci	Montag
Avellino	Dienstag, Samstag	La Maddalena	Mittwoch
Benvento	Mittwoch, Samstag	Nuoro	Freitag
Capua	Montag	Olbia	Samstag
Caserta	Samstag	Oristano	Dienstag, Freitag
Napoli (Neapel)	täglich	Porto Torres	Donnerstag
Pompei	Freitag	Santa Teresa Gallura	Donnerstag
Ravello	Dienstag	Sassari	täglich